신의＿설계자들

מאין באנו

The Bible's Genetic Code

ⓒ 2008 by Israel Knohl

Original edition publishing in Hebrew as מאין באנו (*The Bible's Genetic Code*)
by Dvir Press, Israel.

This Korean edition ⓒ 2024 by Publishing House of The Presbyterian Church of Korea, Seoul, Republic of Korea.

이 책의 한국어판의 저작권은 독점 계약한 한국장로교출판사에 있습니다. 신저작권법에 의하여 한국 내에서 보호를 받는 저작물이므로 무단 전재와 무단 복제를 금합니다.

이스라엘 민족의 비밀스러운 흔적

신의 설계자들

한국어판 추천사

이스라엘 크놀 교수는 이 시대의 성서학자들 중 뛰어난 학자로서 성서학, 고고학, 고대역사학 세 가지 분야에서 매우 광범위한 지식을 이 책 속에 조화하고 있다. 성서학과 역사학과 고고학은 역사성을 뒷받침하는 데 서로 뗄 수 없는 분야이다. 크놀은 여러 데이터를 바탕으로 초기 이스라엘 민족의 시작을 이집트, 메소포타미아, 가나안과 같은 여러 집단이 하나의 민족으로 통합되는 과정으로 설명하는 대담한 논제를 제시했다.

저자는 성서의 전승이 역사적 기억을 반영하고 있음을 받아들인다. 고대 기억은 문학적 과정을 거쳐 성서 속에 연대순으로 기록됐지만, 저자는 이러한 과정이 많은 사건과 평행하는 과정들 속에 이뤄진 것이라고 보고 있다. 책의 후반부는 이스라엘 신앙의 발전과 유일신교의 시작을 다루고 있다. 청동기 시대의 신들, 이집트 아크나톤의 태양신 제의, 그리고 유다와 이스라엘 왕국 시대의 지역적인 발전의 영향들이 오랜 과정을 통해 유일신교에 영향을 미쳤다고 봤다.

크놀은 이 분야에 선이해가 없는 독자들도 읽을 수 있도록 책을 쉽고 명료하게 썼다. 이 책은 인류의 정신과 사상에 지대한 영향을 끼친 성서의 전승에 관심 있는 모든 사람에게 적합한 책이라고 생각한다. 성서의 본고장인 이스라엘에서 이미 큰 인기를 얻은 이 책이 지구 반대편 한국에서도 출판된다는 사실이 매우 고무적이다. 이 책을 통해 보다 성서학과 성서고고학의 세계에 대한 한국인들의 관심과 이해가 커지기를 바란다.

요시 가핀켈(Yossi Garfinkel)
예루살렘 히브리대학교 고고학과 교수
키르벳 케이야파 발굴자

성서학자들은 이스라엘 역사를 연구할 때 성서 기록들에 역사적 신빙성이 있는가에 대한 문제로 첨예하게 대립한다. 최근까지 이스라엘 역사의 재구성을 논할 때 페르시아 시대에 성서가 기록됐을 수 있다는 전제 아래 유럽 중심의 성서학자들 사이에서 성서의 역사성을 최소화하거나 부인하는 경향이 우세했다. 그러나 크놀은 이들과 유사하게 과학적이며 역사학적인 접근방법을 사용하면서도 성서의 전승 속에 역사적인 요소가 내재되어 있다고 말하며 이스라엘 민족의 기원 및 종교, 문화의 주요 특징이 포로기 이전에 모두 형성됐을 가능성에 대한 학문적인 근거를 제공한다.

이스라엘 역사를 재구성할 때 가장 논란이 많은 시대는 족장 시대부터 가나안 정착기까지다. 크놀은 이 문제를 해결하기 위해 이스라엘 초기 역사의 형성이 복합적이고 다분화된 과정들의 산물이라고 보는 새로운 접근으로 성서와 현대 학문의 간극을 줄여 보려고 시도한다. 그는 이스라엘 탄생과 성서 종교의 배경이 주전 13~12세기 '빅뱅'에 있다고 본다. 그는 성서에 희미하게 남아 있는 전승들로 시작해서 고대 근동 문헌의 증거들, 언어학, 고고학 발굴의 결과들로써 이스라엘 초기 역사의 퍼즐을 맞춰 나간다.

유대 역사학자 아브라함 말라마트(Abraham Malamat)는 족장 시대부터 출애굽 시대까지를 액체 상태인 '물'에 비유해 존재하나 구체적인 모습을 알 수 없는 시대로 묘사한 적이 있다. 크놀은 물과 같이 손에 잡히지 않는 이스라엘의 초기 역사를 독자가 생생하게 상상할 수 있도록 이끈다. 비록 성서의 역사와 전혀 다른 모습이긴 하지만 이스라엘의 기원에 대해 지금까지의 연구와는 전혀 다른 새로운 이해를 접할 수 있다는 점에서 주목할 만하다.

다만 구약성서를 기반으로 이스라엘 역사를 이해하고 있는 독자에게는 이 책이 많은 도전과 질문을 안겨 줄 것이다. 이 책은 구약성서를 비평적 관점에서 이스라엘 역사를 재구성하기 위한 하나의 사료로 보며 과학적이고 학문적인 접근에서 이스라엘의 기원 문제를 다루는 책이다. 저자는 서문에서 말한 바와 같이 성서와 현대 학문의 간격이 점점 멀어지고 있는 경향으로부터 새로운 관점을 제시하려고 시도한다. 이러한 것이 전통적인 구약을 바탕으로 한 유대교 신앙과 충돌하지 않는다는 입장에서 전개되는 만큼 이 책은 다양한 견해를 가진 독자들에게도 구약성서와 이스라엘 역사 이해를 위한 새로운 창을 제공해 줄 것이다.

이미숙 교수
장로회신학대학교 구약학 교수

이 책의 저자 이스라엘 크놀은 제사장 문서로 알려진 모세 오경 중 레위기 안에 있는 "거룩 규례"(Holiness Code) 연구로 이미 널리 알려진 세계적인 성서학자이다. 이스라엘 히브리대학교 유학 시절, 크놀 교수의 창세기 관련 수업을 수강한 적이 있는데, 그는 성서 본문과 주석에 대한 박학다식한 지식을 군더더기 없는 설명으로 전달했다.

이 책에서도 크놀 교수의 그러한 수사가 잘 드러난다. 어려운 주제이지만 일반 대중들이 충분히 이해하고도 남을 만큼 간결하고 명료한 문체가 인상적이다. 이 책은 이스라엘 백성들의 기원을 다룬 책으로, 그 기원을 살필 때 구약성서에서 가장 중요하게 다루는 주제인 출애굽과 출애굽 전후 배경을 역사적·신학적으로 잘 다루고 있으면서도 페이지 수가 그리 많지 않다. 기독교인이든 비기독교인이든 대중들이 잘 읽고 이해할 수 있도록 배려한 저자의 마음이 잘 느껴지는 책이다. 이 책을 추천하는 이유이기도 하다.

이 책을 우리말로 번역한 정예중 목사는 어렸을 때부터 이스라엘에서 자라 원어민 수준의 히브리어를 구사할 수 있으며 학부 시절부터 박사과정을 공부하는 현재까지 성서학을 전공했다. 히브리어로 출판된 책과 영어로 출판된 책을 비교하면서 최대한 원어의 느낌을 잘 살펴서 번역했기에 한국어판도 가독성이 매우 높다. 이렇게 훌륭한 이스라엘 출신 유대인 학자의 글을 한국사회와 교회에 널리 알릴 수 있도록 힘써 준 번역자에게 고마움과 감사를 표하는 바이다.

이삭 교수
연세대학교 한국기독교문화연구소 연구교수

성서를 처음 접할 때 누구나 성서가 보여 주는 그대로를 역사라고 믿기에 성서의 역사성을 조금도 의심하지 않는다. 하지만 성서의 역사성을 '증명'하라고 한다면 사람들이 어떻게 반응할까? 그리고 몇천 년 전 고대 세계를 어떻게 증명할 수 있을까? 증명할 수 없다면 성서는 역사가 아닌 것일까? 이스라엘에서 엄청난 인기를 얻었던 이스라엘 크놀의 이 책은 이와 같은 질문에 놀랄 만한 해결책을 제시한다. 그는 성서가 역사책이 아니라는 핵심을 인정해야 한다고 말하며 성서의 모든 역사를 다 객관적인 역사로 밝혀낼 수는 없다고 주장한다.

그는 이 책에서 이스라엘 민족이 어떻게 형성됐는지와 그들이 믿는 성서 신앙의 근원이 무엇인지에 대해 설명한다. 이 두 문제를 해결하기 위해 그는 지금껏 학자들이 제시했던 것과는 많이 다른 주장을 전개한다. 이스라엘은 적어도 세 그룹의 혼합으로 이루어진 민족이라는 주장이 초반부터 강력하게 등장해 읽으면서 놀람을 감출 수 없겠지만 계속해서 읽어 간다면 그가 얼마나 설득력 있게 논지를 펼쳐 가는지 발견할 수 있을 것이다. 고대 이스라엘 또는 초기 이스라엘에 관심 있는 분들과 이스라엘의 형성과 정체성을 연구하는 분들 그리고 구약의 형성 중에 특히 오경의 형성에 관심 있는 분들에게 필독서로 추천한다.

전원희 목사
오후다섯시교회
유튜브 '오늘의 구약공부' 주강사

약어표

AB	The Anchor Yale Bible
ANET	Ancient Near Eastern Texts relating to the Old Testament
ASAE	Annales du service des antiquités de l'Égypte
BASOR	Bulletin of the American Schools of Oriental Research
BA	The Biblical Archeologist
BZ	Biblische Zeitschrift
CBQ	Catholic Biblical Quarterly
ErIs	Eretz-Israel
EI	Eretz-Israel
HUCA	Hebrew Union College Annual
ICC	International Critical Commentary
IDB	The Interpreter's Dictionary of the Bible
IEJ	Israel Exploration Journal
JAOS	Journal of the American Oriental Society
JARCE	Journal of the American Research Center in Egypt
JBL	Journal of Biblical Literature
JEA	Journal of Egypyian Archeology
JNES	Journal of Near Eastern Studies
JPOS	Journal of the Palestine Oriental Society
JSOT	Journal for the Study of the Old Testament
JSOTSup	Journal for the Study of the Old Testament Supplementary Series
JSSEA	Journal of the Society for the Study of Egyptian Antiquities
NCBC	New Century Bible Commentary
Numen	Numen: International Review for the History of Religions
OBO	Orbis biblicus et orientalis

OTL	Old Testament Library
OTS	Old Testament Studies
RB	Revue biblique
SJOT	Scandinavian Journal of the Old Testament
TDOT	Theological Dictionary of Old Testament
TZ	Theologische Zeitschrift
UF	Ugarit-Forschungen
VT	Vetus Testamentum
VTSup	Vetus Testamentum Supplements
ZAW	Zeitschrift für die alttestamentliche Wissenschaft

✻ 일러두기

- 히브리어 성경과 한글 성경의 장절 구분이 다른 본문이 일부 있다. 이 경우는 한글 성경의 장절로 표기했다.
- '바빌로니아', '앗시리아', '히타이트', '시나이'는 개역개정판의 음역대로 각각 '바벨론', '앗수르', '헷', '시내'로 표기했다.
- 이 책의 원서는 현대 히브리어로 기록됐다. 미주에서 히브리어로 기록된 부분은 우리말로 번역하여 표기했다.

차례

한국어판 서문	14
들어가며_빅뱅과 성서의 유전자 코드	16
1장　레위인들의 출애굽	24
2장　요셉 이야기와 힉소스 시대	38
3장　네 세대와 430년 사이의 진실 공방	44
4장　내 조상은 방랑하는 아람 사람	56
5장　어떻게 이스라엘이라 불리게 됐을까	76
6장　어떻게 야훼가 엘로헤이스라엘이 됐을까	82
7장　모세와 아크나톤	88
8장　야훼와 그의 아세라	102
9장　금송아지상과 십계명	112
10장　시내산 언약	124

11장	세겜 언약 : 어떻게 이스라엘이 야훼의 백성이 됐을까	136
12장	모세 종교에서 성서 종교로	144
13장	질투하시는 하나님	164
14장	모두의 야훼와 이스라엘의 야훼	172
나가며	유일신교의 발전 : 아크나톤에서 자라투스트라까지	180

부록_성서 종교의 용광로에서 만난 벧엘과 시내산	186
옮긴이 후기	192
미주	194

한국어판 서문

박학다식한 신학자 예샤야후 레보비츠(Yeshayahu Leibowitz) 교수는 성서를 역사책으로 봐서는 안 된다고 말하곤 했다. 성서는 우리에게 종교적 사상을 전수하고 신앙을 지도하기 위해 기록된 것이지 역사를 가르치려는 목적으로 기록된 것이 아니기 때문이다. 성서는 역사성보다는 담고 있는 메시지가 중요하기에, 그는 고고학적 물증과 성서에 기록된 내용이 모순된다고 해도 전혀 놀랄 필요가 없다고 말했다. 나는 레보비츠 교수의 주장의 핵심 원리를 받아들이면서도 고고학적 유물과 역사적 증거들을 토대로 성서의 배경을 이해할 수 있다고 생각한다.

또한 내 입장은 성서의 역사성을 최소화하거나 부인하는 최소주의자(minimalist)들의 학풍과는 다르다. 최소주의는 최근 한 세기 동안 성서학자들 중에서 특히 유럽의 학자들 사이에서 발전했다. 그들은 성서가 페르시아 시대에 와서야 기록됐다고 주장한다. 따라서 그보다 이전 시대에 대한 성서의 기록들에는 역사적 신빙성이 없다고 판단했다. 나는 그들의 주장과 달리 성서의 기록 시기가 제1성전이 파괴되기 전과 바벨론 포로기 이전이라고 본다. 성서의 기록이 자세한 면에서 정확성이 떨어지거나 실제 역사와 잘 들어맞지 않는 부분이 있을지라도 성서의 전승 속에는 역사적인 요소가 내재되어 있다고 생각한다.

히브리대에서 가르치는 동안 한국 학생 여럿을 지도했는데, 성서 연구에 대한 그들의 진지한 자세와 열정에 늘 깊은 감명을 받았다. 나의 제자 정예중이 이 책을 번역하고 출판될 수 있도록 수고해 주어 매우 기쁘다. 이 책이 성서에 관심을 가진 모든 한국인에게 성서에 대한 여러 질문에 답변을 얻고 언제든지 참고할 수 있는 자료가 되기를 바란다.

축복을 빌며,
예루살렘 히브리대학교에서
이스라엘 크놀

들어가며
빅뱅과 성서의 유전자 코드

이 책에서는 이스라엘 민족의 형성과 성서 신앙의 근원에 관한 질문들을 통해 성서 전통이나 성서학자와 고고학자들의 기존 학설과는 다른 새로운 시각을 제안하고자 한다.

지금까지 이스라엘 민족의 형성 배경과 성서 신앙의 발달 과정에 대해 많은 연구가 이루어졌다. 20세기 중반까지는 이스라엘과 고대 근동의 유물을 분석해 성서의 전통을 탐구하는 학풍이 대세였다. 메소포타미아에서 발견한 주전 2000년대 초반의 문헌들에도 창세기에 기록된 족장들에 관한 기록들과 매우 흡사한 풍습들을 확인할 수 있다. 이스라엘 땅에서 진행된 발굴과 분석 결과는 눈의 아들 여호수아가 주도한 이스라엘 족속의 가나안 정복과 다윗왕과 솔로몬왕 때의 전성기를 입증해 주었다. 그러나 근래 들어 이런 이론들은 완전히 뒤엎였다. 유수의 학자들이 창세기의 연대착오적인 요소들을 지적했고, 족장들의 시대와 메소포타미아 문헌들의 유사성은 설득력을 잃었다. 예를 들어 창세기에 기록된 블레셋 족속은 실제 그 시대에 가나안에 존재하지 않았으며 낙타 목축업은 보다 후대에 시작됐다. 이로 인해 족장들이 실존하지 않은 신화적인 인물들이라는 결론에 이른다.[1] 그 밖에도 이스라엘 족속의 정착과 관련된 고고학적 유물들과 성서에 기록된 정복 이야기 사이에는 심각한 불일치 문제가 제기됐다.

1970년대 대대적인 고고학 발굴 작업들로 이스라엘 족속의 정착이 힘으로 단기간에 이루어지지 않고 더디지만 점진적으로 이루어졌음이 밝혀졌다. 당연히 초창기 이스라엘인이 이집트에서 온 사람들이 아닌 가나안인이었을 것이라는 주장도 제기됐다. 다윗의 광범위한 정복과 솔로몬의 건축을 뒷받침해 줄 고고학 증거의 부재 역시 신빙성에 의심의 그림자를 드리웠다. "야훼와 그의 아세라"라고 기록된 고대 비문의 발견으로 바벨론 포로기 이전 이스라엘 족속의 신앙은 가나안 토속신앙과 유사했고, 바벨론 포로기 이후 유일신 신앙으로 발전했을 것이라는 주장이 제기됐다. 이런 학설을 지지하는 학파를 '미니멀리스트 학파'라고 한다. 그들은 성서에서 고대의 역사성을 찾을 수 없다고 주장하며 성서가 바벨론 포로기 이후인 페르시아 시대와 헬라 시대 때 기록됐다고 주장한다.[2]

아브라함, 이삭 그리고 야곱은 과연 실존 인물일까, 아니면 신화적인 인물에 불과할까? 만약 그들이 실존했다면, 어느 시대에 살았을까? 정말 이스라엘 족속은 이집트에서 파라오의 노예로 살다가 지도자 모세의 지휘를 따라 탈출한 것일까, 아니면 그저 가나안인일 뿐이었을까? 다윗과 솔로몬은 화려한 예루살렘을 수도로 둔 부유하고 거대한 왕국을 다스리는 왕이었을까, 그게 아니라면 예루살렘은 변방의 작은 성읍에 불과했던 것은 아닐까? 고고학적 성과들은 이러한 질문들에 대해 정확한 답을 주지 못했고, 학자들은 발굴된 유물들에 대해 해석을 달리했다.[3]

성서와 현대 학문 둘 다 이스라엘의 존재를 하나의 관점으로밖에 이해하지 못한다. 성서는 이스라엘 민족의 뿌리에 관한 이야기를 한 가족의 이야기로 시작한다. 바로 가나안 땅으로 이주한 아브라함의 가족 이야기다.[4] 반면에 현대 학문은 이 이야기를 부인하며 초기 이스라엘인은 가나안인이었고 성서의 신앙은 가나안 신앙으로부터 발전됐다고 주장한다. 그러나 이스라엘 민족의 탄생과 이스라엘 문명의 형성은 복합적이고 다분화된 과정들의 산물이다. 이스라엘 민족의 이야기는 한 가정사가 아닌, 기원이 각각 다른 세 그룹의 이야기에서 시작했다고 봐야 한다. 이스라엘과 성서 신앙은 가나안의 토속 종교에서 비롯되지 않았고 오히려 정반대로 형성됐다. 이 그룹들은 가나안 땅을 포함해 지중해 연안 지역 전체를 뒤덮은 공황의 시기에 등장했다.

이스라엘의 탄생과 성서 신앙의 배경이 되는 '빅뱅'은 중동 지역과 에게해 연안을 휩쓸었던 대대적 재난으로 청동기 시대에서 철기 시대로 전환되는 주전 13~12세기 사이에 발생했다. 이 공황으로 거대한 왕국들이 멸망했고 거대한 도시들은 파괴됐다. 다양한 민족과 부족은 정착지를 떠나 땅과 바다로 기나긴 유목 생활을 시작했고 이 과정에서 수많은 신과 고대 언어와 글자를 잃어버렸다. 소아시아(오늘날 튀르키예)에 거점을 둔 거대한 헷(히타이트) 왕국은 붕괴됐고, 거주민들은 소아시아에서 북시리아로 유리했다. 호메로스의 영웅들인 오디세우스와 아가멤논의 배경이 되는 에게해 중심의 미케네 문명도 무너졌다. 이 문명의 난민들은 방랑하다가 소아시아의 서쪽 해안에 자리잡았다. 이들은 자신들이 떠나온 미케네의 종교와 신화와 문학 유산을 함께 가져왔다. 다른 난민들은 이집트와 지중해 연안에 자리잡았다. 성경에도 자주 언급되며 '바다 민족'이라 불린 블레셋 족속이 아마도 이 피난민 그룹에 있었던 것으로 보인다.

이 거대한 공황과 민족들의 대이동의 정확한 사유는 알려지지 않았다.[5] 자료들에 의하면 지구 온난화와 같은 기후 변화로 생태계가 변해 심각한 흉년이 발생했을 것으로 보인다.[6] 이것이 이스라엘이라는 신흥 민족을 형성한 여러 그룹의 배경이며, 새롭고도 혁명적인 성서 신앙을 싹틔운 배경이다.

가나안 땅에 도착한 다양한 이민자 그룹들은 토착민들과 접촉하게 되는데, 그들은 조상들의 이야기 전승이 담긴 '가족 앨범'을 가지고 들어왔다. 성서가 전해 주는 이스라엘의 초창기 이야기는 이러한 여러 전승이 하나의 가족 앨범으로 합쳐진 이야기라고 할 수 있다. 아울러 각 그룹마다 다양한 종교와 제의 전통을 가지고 들어왔으며 이 모든 전통이 결합되어 이스라엘 민족의 새로운 종교와 제사를 탄생시켰다.

빅뱅 그리고 성서, 종교, 민족의 진화

성서 저작 과정과 그리스 고전 작품의 시초 사이에는 유사한 점이 많다. 이는 이스라엘 민족의 기원과 그리스 고전 작품의 뿌리가 빅뱅이라는 공황의 경험을 공유하기 때문이다.

나는 이것이 서양 문명의 두 중심축인 성서와 호메로스의 서사시가 탄생한 배경이라고 생각한다. 이 작품들은 이후 많은 종교 및 문화 작품의 모티프가 됐다. 유대교, 기독교 그리고 이슬람교는 모두 성서에서 발전됐고, 서사시와 연극, 고전적인 사유 세계는 호메로스 초기의 서사시인 『일리아드』와 『오디세이』를 기초로 발전됐다.[7]

대공황은 문화적으로도 파괴와 훼손을 가져왔다. 소아시아에 정착한 미케네 난민은 자기 조상의 신화와 종교 서사를 가져왔으나, 그것을 고대 그리스 문자로 보존하지는 못했다. 고대 그리스 문자인 선형문자는 소아시아의 이주 지역뿐 아니라 그리스에서도 사라져 버렸는데, 이후 대다수의 그리스인은 주전 8세기에 이르기까지 수백 년간 문맹이었다. 주전 8세기경부터 사용하기 시작한 새로운 그리스 문자는 페니키아 상인과의 교류를 통해 전파된 가나안 알파벳에서 유래됐다. 이와 흡사한 현상은 블레셋 족속에서도 찾을 수 있다. 가나안 정착 초기, 그들은 바다의 섬들에서 올 때 가져온 문자들을 사용했지만[8] 얼마 지나지 않아 그것들을 버리고 히브리 알파벳을 사용했다.[9]

주전 8세기에 와서야 그리스는 다시금 글을 읽고 쓸 줄 아는 민족이 됐고 이스라엘에서도 읽기와 쓰기가 통용되기 시작했다.[10] 처음으로 예언을 문자로 남긴 호세아, 아모스, 이사야, 미가가 활동한 시기도 바로 이때다. 이스라엘에 읽고 쓰기가 확산되기 전에도 문학 작품들이 있었지만, 호메로스의 서사시처럼 구전으로 전해지는 노래들에 불과했다. 노래들 중 가장 이른 시기에 쓰인 중요한 노래로는 드보라의 노래(삿 5장)가 있는데, 아마도 주전 11세기 초부터 구전됐을 것으로 보인다.

 이스라엘이 생겨난 지 수백 년이 지난 후에야 초창기 전승들이 문서로 기록됐기에, 성서에는 연대착오적인 오류들이 발견된다. 족장들의 이야기를 보면, 아브라함과 야곱은 시리아 북부에 있는 하란에 거주했다(창 11:31, 28:10). 창세기에 '아람 나하라임'(메소보다미아)이라고 소개된 이 지역은 족장들의 시대보다 후대인 주전 10세기와 9세기 일부까지 아람 족속이 다스렸다. 주전 8세기경 이 지역에서 일어난 일들을 기록한 저자는 이곳을 아람 나하라임 또는 밧단 아람이라고 불렀을 것이며(창 24:10, 25:20, 28:2, 31:18), 라반과 그의 가족을 아람 사람들이라고 불렀을 것이다(창 25:20, 31:20, 24).[11] 하지만 이런 오류들로 인해 하란에서 이스라엘 땅으로 유랑했던 이스라엘 민족의 전승에 역사성이 없다고 주장하는 일부 학자들의 입장에는 동의할 수 없다.

 이런 오류는 호메로스의 작품에서도 찾아볼 수 있다. 그는 작품에서 두 개의 창을 사용하는 전사들을 묘사했는데, 이러한 전투 방식은 호메로스 영웅들의 시기보다 훨씬 후대인 주전 9세기에 이르러서야 발달한 창술이다. 족장들에 관한 전승에서 언급된 아람인이라는 연대착오적인 표현은 페니키아인들에 대한 호메로스의 언급과 유사한데, 페니키아인들은 9세기 초부터 에게해에 등장하기 시작한다. 그렇다고 저자의 활동 시기를 유추해 볼 수 있는 기록들이 그들이 묘사한 사건들의 역사성을 모두 배제해야 할 이유가 되지는 않는다. 오히려 연대착오적인 포장 속에서 고대 역사의 흔적들을 발견할 수 있다.[12]

 새로운 민족들의 형성 과정에도 이스라엘과 그리스의 유사성이 나타난다. 이 책의 중심 주제이기도 한 거주민과 이주민들 간의 혼합으로 인한 이스라엘 민족의 형성 과정[13]은 동시대에 일어난 여러 민족의 탄생과 줄기가 같다.[14] 그 시대에 도르족을 비롯해 여러 부족이 북방에서부터 그리스로 쳐들어왔다. 결과적으로 침략자와 원주민이 혼합되어 그리스 민족이 탄생했다. 또 다른 예로 블레셋 족속을 들 수 있다. 고고학 연구들은 블레셋 족속이 에게해에서 온 이주민과 가나안 현지인의 혼합으로 형성됐다는 증거를 제시한다. 이와 비슷한 과정이 키프로스에서도 발견된다.

동시대 아람 왕국들 또한 시리아 인근 사막에서 거주하던 여러 유목 부족과 시리아 거주민 간의 혼합으로 형성된 것으로 추정된다. 이스라엘 민족의 형성사는 빅뱅 시대에 발생한 여러 국지적인 사건과 닮았다. 2800년 전에 살았던 아모스 예언자의 글에 이러한 사실이 잘 나타난다.

> 이스라엘 자손들아 너희는 내게 구스 족속 같지 아니하냐 내가 이스라엘을 애굽 땅에서, 블레셋 사람을 갑돌에서, 아람 사람을 기르에서 올라오게 하지 아니하였느냐(암 9:7).[15]

예언자는 출애굽이라는 이스라엘의 특수성을 뒤흔들면서 이스라엘 민족의 유랑을 동시대에 발생한 블레셋 사람과 아람 족속의 이주와 비교했다.

이스라엘 종교와 고대 이스라엘 제의에 대한 매우 다양한 얼굴은 단순하게 한 가지로만 해석할 수 없는 복합적인 현상이 우리 앞에 놓여 있음을 말해 준다. 앞으로 다양한 연구를 토대로 성서 신앙의 요람이 주전 14~12세기 고대 근동의 다양한 문화와 연관되어 있음을 살펴볼 것이다. 파라오 아크나톤의 종교 혁명, 아라비안 반도와 아라바 지역에서 꽃피운 미디안 문화, 북시리아와 헷 왕국에서 번성한 종교 및 제의 전통들 그리고 가나안 종교와 문화가 그것이다. 이런 문화와 전통들은 주전 12세기 이후에는 찾아보기 힘든데, 성서 신앙의 탄생을 아무리 늦어도 주전 12세기경으로 보는 입장을 뒷받침해 준다고 볼 수 있다.

누가 고대 이스라엘을 형성했고 성서를 기록했을까? 어떻게 앞서 언급된 족속들의 사진이 이스라엘이라는 새로운 민족의 가족 사진첩에 꽂힐 수 있었을까? 성서 신앙의 형성에 각 민족은 어느 정도 기여했을까?

이후 장들에서 다양한 나라와 문화로의 여정을 통해 성서에 등장하는 고대 이스라엘의 '유전자 코드'를 해독해 보려 한다. 이 여행의 첫걸음으로 이집트 히브리인들의 발자취를 추적해 보자.

1장

레위인들의 출애굽

성서에 나오는 '코헨'이라는 단어는 제사를 담당하는 사람을 뜻한다. 다른 종교들도 이 단어를 사용하지만(창 47:22 등), 유독 이스라엘의 하나님께 제사 드리는 자들을 일컫는 데 많이 쓰인다. 성서에서 제의 직무는 대체적으로 가문의 혈통과 관련되어 있어 보인다.

성서에는 제사장들의 출신 가문과 지파에 관련해 세 가지 견해가 언급된다. 민수기에 따르면 제사장들은 레위 지파의 자손들 중 한 가문인 아론의 자손이다. 다른 레위 자손은 제물을 바치거나 제단에 분향할 자격은 없지만, 성막을 설치하거나 해체하는 성소 봉사 일을 맡았다(민 3:5-10). 그러나 신명기에 따르면 레위 지파 내에 모두가 구별 없이 제사장으로 불리며 제의를 집례할 수 있었다(신 10:8-9, 18:1-8, 33:8-10). 세 번째 견해는 에스겔에서 찾을 수 있다. '레위 제사장들'로 불리는 사독의 후손만이 제의를 담당하고 그 외의 레위 자손은 성막 시무를 담당했다(겔 44:9-16). 정리하자면 제사장직이 레위 지파에 속하는 것에는 모두가 동의하지만, 모든 레위 지파가 제의를 담당할 수 있는 것은 아니며, 이 특권이 그들 중 어떤 특정 집단에게 주어졌는지에 대해서는 견해를 달리한다.

성서의 기록에 따르면 레위 지파는 이스라엘의 다른 지파들과는 분명하게 구별됐다. 레위 자손은 이스라엘 땅에서 경작할 기업을 분배받지 못했다. 그들은 다른 지파들의 땅에 분산되어 정착했고, 땅을 분배받지 못했기에 농업을 생업으로 삼을 수 없었다. 그들은 제의와 관련된 성직을 수행했고 백성에게서 받은 헌물로 생계를 이어갔다. 토라(모세오경)에는 이러한 레위인들의 독특한 입지에 대한 해석이 나온다. 야곱이 아들들을 축복한 내용을 보면, 레위는 그의 형제 시므온과 누이 디나를 강간한 세겜성 주민에게 잔인하게 복수한 것에 대한 벌로 여러 지파 속에 흩어지게 된다(창 34:25-31).

> 시므온과 레위는 형제요 그들의 칼은 폭력의 도구로다
> 내 혼아 그들의 모의에 상관하지 말지어다
> 내 영광아 그들의 집회에 참여하지 말지어다
> 그들이 그들의 분노대로 사람을 죽이고
> 그들의 혈기대로 소의 발목 힘줄을 끊었음이로다
> 그 노여움이 혹독하니 저주를 받을 것이요
> 분기가 맹렬하니 저주를 받을 것이라
> 내가 그들을 야곱 중에서 나누며 이스라엘 중에서 흩으리로다
> (창 49:5-7).

이와 달리 모세는 신명기에서 다음과 같이 말한다.

> 그때에 여호와께서 레위 지파를 구별하여 여호와의 언약 궤를 메게 하며 여호와 앞에 서서 그를 섬기며 또 여호와의 이름으로 축복하게 하셨으니 그 일은 오늘까지 이르느니라 그러므로 레위는 그의 형제 중에 분깃이 없으며 기업이 없고 네 하나님 여호와께서 그에게 말씀하심 같이 여호와가 그의 기업이시니라(신 10:8-9, 18:1-2 참조).

신명기에는 레위 자손이 땅을 기업으로 받지 못한 사실이 징벌적 대가라기보다 그들의 특권과 중요한 제의적 역할과 관련 있다고 표현된다. 그들은 나머지 지파들처럼 물질적인 땅을 기업으로 받지 못했지만 하나님이 그들의 기업이었다.

레위 자손이 성직을 담당하도록 선택받은 이유에 대한 다른 설명들도 있다.[1] 토라의 다른 출처들을 보면 레위 자손이 성직에 임명된 이유는 금송아지상 사건 때 하나님께 충성하고 헌신했기 때문이었다.

> 이에 모세가 진 문에 서서 이르되 누구든지 여호와의 편에 있는 자는 내게로 나아오라 하매 레위 자손이 다 모여 그에게로 가는지라 모세가 그들에게 이르되 이스라엘의 하나님 여호와께서 이렇게 말씀하시기를 너희는 각각 허리에 칼을 차고 진 이 문에서 저 문까지 왕래하며 각 사람이 그 형제를, 각 사람이 자기의 친구를, 각 사람이 자기의 이웃을 죽이라 하셨느니라 레위 자손이 모세의 말대로 행하매 이 날에 백성 중에 삼천 명 가량이 죽임을 당하니라 모세가 이르되 각 사람이 자기의 아들과 자기의 형제를 쳤으니 오늘 여호와께 헌신하게 되었느니라 그가 오늘 너희에게 복을 내리시리라(출 32:26-29).

모세가 레위 자손에게 "오늘 여호와께 헌신하게 되었느니라"라고 말한 것은 그들을 제의 직분을 수행할 제사장으로 임명했음을 나타낸다(레 8:33, 삿 17:12, 왕상 13:33). 이 구절들은 레위인이 금송아지상을 숭배했던 자신의 친지들을 처단해 완전한 헌신을 입증한 점과 제사장직으로 임명된 점을 결부시킨다. 이는 레위 지파에 대한 모세의 축복에도 투영된다.

> 주의 둠밈과 우림이 주의 경건한 자에게 있도다 …… 그는 그의 부모에 대하여 이르기를 내가 그들을 보지 못하였다 하며 그의 형제들을 인정하지 아니하며 그의 자녀를 알지 아니한 것은 주의 말씀을 준행하고 주의 언약을 지킴으로 …… (신 33:8-9).

레위 자손은 친인척들과 단절하기까지 하나님께 헌신하는 적극성을 보여 제사장복을 입게 됐고, 비밀을 풀고 미래를 내다볼 수 있는 우림과 둠밈을 지니게 됐다. 그런가 하면 민수기에는 레위인들이 성막을 관리하는 직분이 고라가 주도해 모세와 아론에 대항한 반역 사건과 관계 있다고 기록되어 있다(민 16장).[2] 레위인들의 역할은 성역과 백성 사이에 경계를 세우고 외부인의 출입을 제한하는 것이었다. 하나님께서는 아론에게 명하셨다.

너는 네 형제 레위 지파 곧 네 조상의 지파를 데려다가 너와 함께 있게 …… 너와 합동하여 장막의 모든 일과 회막의 직무를 다할 것이요 다른 사람은 너희에게 가까이 하지 못할 것이니라(민 18:2, 4).

레위 지파가 흩어져 다른 지파들 사이에 거주한 것과 제의 업무를 위해 구별된 것에 대해 해석이 분분한 이유는 성서의 저자들조차도 원래 이유를 알지 못했기 때문인 것처럼 보인다. 초기 이스라엘 역사에서 레위 자손은 기업 분배에서 제외됐고 지파들 중에 흩어져 제사장과 성직자로 임명됐다. 성서의 저자들은 수 세기 전의 사건들을 기록하는 과정에서 레위 지파의 독특한 상황같은 역사적 정황을 알지 못했기 때문에 특이한 현상에 대해 서로 대치되는 해석들을 내놓게 된 것이다.

창세기에 따르면 야곱의 사랑을 받지 못한 레아는 남편이 자신에게 다가와 주기를 바라며 셋째 아들의 이름을 레위라 지었다.

그가 또 임신하여 아들을 낳고 이르되 내가 그에게 세 아들을 낳았으니 내 남편이 지금부터 나와 연합하리로다 하고 그의 이름을 레위라 하였으며(창 29:34).

이 이야기에 따르면, 레위의 이름은 동사 להילוות(레힐라보트)에 어원을 두며 누구와 결합한다는 뜻이다. 민수기 18:2, 4에는 레위 자손이 이 동사의 주체로 기록되어 있다. 최근 학자들은 '레위인'(לוויים, 레비임)이라는 명칭이 להילוות 동사와 관련이 있지만 보다 넓은 의미로 해석된다고 주장한다.[3] 성서에서 להילוות는 나그네와 관련해 쓰인다(사 14:1, 56:3, 6, 슥 7:10). 나그네는 타 지방 태생으로 이스라엘 백성에 편입했지만 땅을 분배받지 못했다. 레위인과 나그네 모두 이스라엘 땅에서 기업을 얻을 수 없었다(신 14:29, 27:11, 14, 26:11-13, 삿 17:7-9).

아마도 레위 자손은 이스라엘인 공동체의 초창기 구성원이 아니었을 것으로 추정된다. 그들은 다른 지역에서 왔으며 더 후대에 이스라엘로 합류했을 것으로 보인다. 출신이 다르고 가나안에 뒤늦게 들어온 탓에 그들은 이방 나그네와 마찬가지로 땅을 기업으로 받지 못했다. 그러나 나그네와 레위인 사이에는 분명한 차이가 있다. 나그네(גר)라는 단어는 단수를 지칭하지만, 레위 자손은 집단으로 가나안 땅에 들어와 이미 정착한 초창기 이스라엘인들에게 결합(נלוה, 연합)했다. 땅 분배와 경작에서 제외된 사실은 그들이 다른 지파들에 흩어져서 제의 직무를 담당하는 자들로 임명된 배경으로 설명된다.

레위인들의 기원

레위 자손의 독특한 특징 중 하나는 이집트 이름들을 찾아볼 수 있다는 것이다. 모세라는 이름은 본래 이집트인들의 이름이다.[4] 비느하스, 홉니, 므라리, 아론, 앗실 같은 이름도 이집트 이름이다.[5] 그런데 다른 지파들에서는 이집트식 이름이 전혀 발견되지 않는다. 만약 성서의 저자가 출애굽 이야기의 역사성을 강화하기 위해서 이 이름들을 임의로 지어낸 것이라면 레위 지파에 국한될 이유는 없었을 것이다. 레위 지파에 이집트 이름을 가진 이가 많았다는 사실은 그들이 이집트에서 왔다는 역사적 반증인 셈이다. 그러나 레위인의 기원이 이집트라고 단정할 수는 없다. 만일 그렇다면 모든 1세대 레위인의 이름이 이집트 이름이어야 했을 것이다. 성서에 소개된 레위인의 이름에 이집트 이름과 셈족 이름이 혼재하는 점을 통해 레위인의 선조를 이집트로 이주한 셈족으로 추정해 볼 수 있다. 그렇다면 이집트로 들어온 이주민들은 사회에 동화되기 위해 그들의 이름을 받아들인 것으로 설명된다.[6]

레위인이 이집트로 언제 왔는지 알기 위해서는, 먼저 이스라엘인이 가나안에 처음 정착한 시기를 알아봐야 한다. 이를 밝히는 데 도움을 줄 수 있는 첫 번째 자료는 주전 1213~1204년에 이집트를 다스린 파라오 메르넵타의 기념비다. 메르넵타의 통치 당시 이집트는 바다 민족의 이동을 불러온 대규모 재난이 시작되던 시기다. 재위 5년, 메르넵타는 리비아족과 동맹을 맺은 몇몇 바다 민족 연합군을 정벌하러 원정길에 올랐다. 그는 이 연합군을 무찌르고 자신의 업적을 기리기 위해 기념비를 세웠다. 이 기념비에는 이전 가나안 원정길에 대한 기록이 남아 있다.[7] 이 기록에는 가나안 성읍인 아쉬켈론, 게셀, 야노암을 함락시켰다는 내용과 함께 '이스라엘'의 이름이 언급된다.

> 가나안은 모든 고통 속에 짓밟혔다.
> 아쉬켈론은 정복당했고
> 게셀은 사로잡혔다.
> 야노암은 존재하지도 않았던 것처럼 됐다.
> 이스라엘은 파괴되어 씨앗도 남지 않았다.

비문에서 알 수 있듯이 메르넵타와 전쟁한 이스라엘은 가나안에 정착해 있던 족속이었다. 어떤 이들은 "씨앗도 남지 않았다"라는 표현이 은유가 아니라 실제로 이스라엘의 농업 생산을 완전히 멸절해 버렸다는 선언이라고 보는데, 그렇다면 이 기록은 이스라엘 족속이 농업에 종사했음을 증언해 주는 것이기도 하다.[8] 어찌 됐든 분명한 것은 메르넵타 시기에 이스라엘인은 이미 가나안 영토에 정착해 있었다는 것이다.

므낫세, 에브라임 그리고 베냐민 지파가 분배받은 이스라엘의 중앙 산악 지역에서 이뤄진 고고학 발굴은 메르넵타의 기념비의 증언을 뒷받침해 준다. 이 연구 결과 주전 1230년경 유목 생활하던 집단이 목축업에서 농업으로 전향해 중앙 산지에 정착했음이 밝혀졌다. 고고학자들의 견해로는 이 정착민이 파라오 메르넵타와 격돌한 초기 이스라엘인이다.

레위인을 후대에 이스라엘에 합류한 자들로 보기 위해서는 초기 이스라엘의 정착부터 레위인의 유입까지 적어도 50년의 시간차가 필요하다. 주전 1230년경 이스라엘이 농업으로 전향해 정착했다면 레위인은 대략 주전 1180년부터 이집트에서 들어오기 시작한 것으로 추정할 수 있다.

레위인의 가나안 유입 종료 시점은 실로 성막의 제사장 가문인 엘리 집안에 대한 성서 이야기에서 유추해 볼 수 있다. 성서는 이 가문이 이집트에서 왔음을 분명하게 명시하는데(삼상 2:27), 엘리의 두 아들 홉니와 비느하스(삼상 1:3)의 이름 역시 이집트식 이름이다. 실로의 제사장들 중에는 이집트에서 유입된 레위인 집단도 포함돼 있었을 것이다. 고고학 발굴에 의하면 실로는 이스라엘이 블레셋에게 에벤에셀 전투(삼상 4:1-22)에서 패배한 주전 1050년경 파괴됐을 것으로 보인다.[9] 사무엘상 15장에 의하면 그 당시 엘리는 늙고 비대했다. 그가 실로 성막에서 제사장 직무를 수행한 시점은 주전 1100년 어간이었을 것으로 추정할 수 있다. 그렇다면 레위인들이 이집트에서 온 시간 범위를 주전 1180~1100년으로 추정할 수 있다.

민수기에는 이집트에서 탈출한 전체 인구에 레위인들의 수가 포함된다. 이 숫자가 얼마나 정확한지에 대해서는 반론의 여지가 있지만, 이스라엘 인구에서 레위인이 차지하는 비중을 가늠할 수 있다. 이 자료에 의하면 30세부터 50세까지 레위인 남성의 수는 8,580명(민 4:48)이다. 20세 이상 이스라엘 인구가 60만 3550명(민 2:32)인 것을 감안하면, 이 연령대의 레위인은 1만명 정도가 된다. 민수기의 통계에 따르면 전체 인구 중 레위인은 1.65%가 된다. 학자들의 주장처럼 주전 12세기 이스라엘에 정착한 인구를 2만 2000명[10]이라고 가정한다면,

이집트에서 온 레위인들의 수는 500명 정도로 추산된다. 이는 그 시대에 가장 큰 종교 중심지였던 실로의 제사장들의 수가 적었던 이유와 일맥상통한다.

주전 1180년에서 1100년 사이 500명 정도가 이집트에서 가나안으로 들어왔다. 이들은 이미 중앙 산악 지역(에브라임, 므낫세와 베냐민 지파의 기업)에 자리잡은 초기 이스라엘인 무리에 합류했다. 그리고 땅을 분배받지 못한 나그네들은 대부분 종교인으로 활동했다.

과연 이러한 논리가 성서의 전통에 부합할 수 있을까?

레위인들과 출애굽 사건

오늘날 고고학자와 성서학자들은 이스라엘 민족의 이집트 노예 생활과 탈출의 역사적 신빙성에 심각한 타격을 주는 여러 주장을 제기했다. 어떤 고대 이집트 자료에도 이스라엘인의 이집트 거주나 노예생활을 입증해 줄 만한 근거가 발견되지 않았다. 출애굽기에 따르면 남자만 60만명에 이르는 거대한 집단이 이집트를 탈출했다(출 12:37). 이해하기 어려운 점은 어떻게 이렇게 많은 인원이 이집트의 삼엄한 경계를 뚫고 빠져나올 수 있었냐는 것이다. 또한 그들은 모세의 지도 아래 시내(시나이) 광야에서 40년 동안 머물렀다(신 1:3). 그러나 근래 몇십 년간 시내 광야에서 진행된 고고학 발굴 작업에서는 이 거대한 진영의 유목 생활을 증명해 줄 어떠한 증거도 발견되지 않았다.

출애굽기에는 이집트 통치자가 이스라엘 민족에게 비돔과 람세스를 건설시켰다고 기록되어 있다.

> 그들에게 바로를 위하여 국고성 비돔과 라암셋을 건축하게 하니라 (출 1:11).

성서에는 노역을 시킨 통치자가 누구인지 명시되지는 않았지만, 아마도 주전 13세기의 대부분을 통치했던 람세스 2세였을 것으로 보인다. 람세스 2세는 자신을 위해 나일강 삼각주 동쪽 지역에 새 수도를 건설하고 '페르-람세스'(람세스의 집)라고 불렀다. 학자들은 이 도시가 출애굽기에 언급되어 있다고 말한다.[11]

성서에 따르면 이스라엘 민족이 이집트를 나온 시기는 노역을 시킨 파라오의 통치 기간이 아닌 그가 죽은 이후다. 모세의 임무가 시작되기 전 상황을 성서는 이렇게 설명한다.

> 여러 해 후에 애굽 왕은 죽었고 이스라엘 자손은 고된 노동으로 말미암아 탄식하며 부르짖으니 그 고된 노동으로 말미암아 부르짖는 소리가 하나님께 상달된지라(출 2:23).

사건 전개에 중요해 보이지 않는 노역을 시킨 파라오의 죽음 이야기는 내러티브에 역사적 신빙성을 더한다. 출애굽이 정말 역사적 사실이라면 주전 13세기 후반에 람세스 2세에 이어 10년간 이집트를 통치한 파라오 메르넵타(1213-1204년) 때 일어났을 것으로 유추할 수 있다. 성서에는 이집트를 빠져나온 이들이 가나안 땅에 들어가기 전 40년간 광야를 유리했다고 기록됐다. 그렇다면 그들이 가나안으로 들어간 시기는 주전 1170년 어간이 된다. 그러나 메르넵타의 기념비석에서 살펴봤지만 초기 이스라엘인들이 이 시기에 이미 가나안 땅에 정착하고 있었다.

이러한 난제와 모순들로 인해 다수의 현대 성서학자와 고고학자는 출애굽의 역사적 신빙성을 완전히 부인한다. 그들의 주장대로라면 이스라엘 민족은 이집트에 거주한 적이 없으며 파라오의 노예 생활도 하지 않았다. 또한 주전 13세기 후반 가나안 중앙 산악 지대를 장악한 초기 이스라엘인은 가나안 본토인들이었지 이집트에서 온 자들이 아니다. 그러나 출애굽의 역사성을 부정할 경우 성서의 저자들과 관련해서 제기되는 문제들 역시 피할 수 없다. 세계의 유명한 민족들은 자신들의 발원과 시초를 과장되고 긍정적으로 표현하기 마련이다. 그런데 성서 저자들은 왜 이스라엘 민족의 초기 역사를 기술하며 자신들을 이집트의 노예로 소개했을까?

고고학자들은 메르넵타가 진멸한 가나안 산악 지역에 자리잡은 초기 이스라엘인들이 이집트 출신이 아니었기 때문에 고대 이집트 문헌에서 이스라엘인의 존재에 대한 어떠한 내용도 찾아볼 수 없다고 추정한다.

그런가 하면 이집트 자료들에는 '아피루'(עפירו)라고 불리는 사람들이 람세스 2세의 페르-람세스 도시 건설에 동원됐다는 내용이 있다. 파피루스 라이덴 348 문헌에는 람세스 신전으로 석재를 옮기는 아피루에게 곡물을 분배해 줬다는 기록이 있다. 또 다른 토기 기록에도 페르-람세스 도시 건설에 동원된 아피루 족속에 관한 내용이 있다.[12] 한때 학자들은 이스라엘 민족의 이집트 정착과 노역과 관련해 '아피루' 호칭을 성서의 '이브림'(עברים)이라는 명칭과 연관시켰다(창 41:12, 43:32, 출 1:15-16, 19, 2:6-7, 3:18, 5:3, 7:16, 9:13). 그러나 연구 결과 아피루나 하비루와 같은 호칭은 고대 근동 지방의 여러 문헌에 등장하며, 이것이 특정한 민족 집단을 가리키고 있는 것이 아니라 정해진 도심 경계 안에서 옮겨 다닌 다양한 출신 사람들의 사회적 지위를 가리킨다. 이들은 사회의 공식 구성원이 아니었으며 정주하지 않고 다양한 업종의 생업에 종사했다. 그들 중에는 하인 또는 종이 되거나 약탈자 내지는 권력자들의 용병으로 고용되기도 했다.[13] 특정 문헌에는 하비루 중 제사장의 역할을 수행한 이들에 관한 언급이 있다.[14] 하비루에는 개인과 가족 그리고 다양한 무리가 포함돼 있었다.

주전 12세기 이집트에서 가나안으로 들어온 레위인 무리와 관련한 지금까지의 분석을 통해 출애굽 전승의 역사적 요소를 찾아낼 수 있다. 레위인들은 본래 셈족 출신 혈연 집단으로 하비루-아피루 계층에 포함됐다. 이 집단은 람세스 2세에 의해 도시 건설 노동에 강제로 동원됐다. 그들은 람세스의 후계자 메르넵타 시대 때 이집트에서 빠져나오는 데 성공했고 가나안 산지에 정착하고 있던 초기 이스라엘인에게 합류했다. '레위인'이라는 명칭은 그들이 특별한 출신의 계층민으로 합류했으며, 이스라엘 땅에서 기업을 분배 받지 못해 다른 지파들 속에 흩어지게 됐음을 보여 준다. 레위 히브리인은 하비루-아피루 계층 출신으로 기업과 땅의 소유권 없이 이스라엘 지파들 중에 흩어졌다. 그리고 이런 특별한 생활 양식은 자손들에 의해 이어졌다.

레위 히브리인들은 기회를 틈타 이집트에서 시내 광야로 도망했을 것이다. 이 일은 주전 1208년, 메르넵타가 나일강 삼각주 북서쪽 지방으로 쳐들어온 리비아인과 바다 민족을 상대로 전쟁을 준비하느라 바쁠 시기에 일어났을 수 있다. 출애굽기에 따르면 하나님께서 이스라엘 백성을 가까운 블레셋 사람의 길로 인도하지 않으시고 시내 광야 길로 우회시키신 까닭은 그들이 "전쟁을 하게 되면"(출 13:17) 이집트로 되돌아갈 것이라고 염려하셨기 때문이다. 그런데 '블레셋 사람의 땅'이라는 표현은 연대착오적이다. 블레셋인들이 '블레셋 사람의 땅'에 정착한 시기가 메르넵타보다 수십 년 후대에 통치한 람세스 3세(주전 1185-1154년) 때이기 때문이다. 하지만 오히려 여기에 역사적 요소가 있을 수도 있다. 출애굽 당시 이집트는 바다 민족들과 전쟁 중이었다.

다른 한편으로는 출애굽 사건이 메르넵타가 가나안을 치러 출정한 때 일어났다고 볼 수도 있다. 이 원정의 정확한 연대는 알려지지 않았지만 메르넵타가 리비아인, 바다 민족들과의 전투와 함께 가나안 원정의 승리를 언급한 점은 이 사건들이 동시에 발생했음을 말해 준다. 따라서 레위 히브리인들은 주전 1208년경에 이집트를 나왔다고 볼 수 있다.

따라서 이번 장에서 복원한 역사대로라면, 메르넵타 시대에 이집트에서 빠져나온 집단은 성서가 증언하는 남자만 60만 명에 이르는 대규모 집단이 아니라 몇백 명에 불과한 작은 집단이었고 그렇기 때문에 광야에서 유랑한 시기에 고고학적 흔적들도 남기지 않았다. 이 소규모의 이탈 사건은 이집트 내부적으로는 중대한 사건이 아니었기에 문헌들에 기록되지 않았다.

이 복원은 많은 질문에 답을 제공하면서도 새로운 질문들을 제기한다. 만약 이집트에서 탈출한 집단이 소수라면, 인구가 급증한 이집트 히브리인들이 이집트를 탈출했다고 기록한 성서는 어떻게 이해해야 할까? 이것은 후대 저자들이 과장한 것인가, 아니면 이 전승들 뒤에 다른 어떤 것이 숨어 있는 것인가? 성서는 이집트에서의 이스라엘 민족의 노역과 탈출에 대해 이야기하지, 레위 자손이라는 작은 집단의 경험을 말하지 않는다. 앞서 제시한 추정과 이 질문의 충돌을 어떻게 해결할 수 있을까? 이 답은 다음 장에서 찾아보겠다.

מאין באנו

2장
요셉 이야기와 힉소스 시대

창세기 마지막(37-50장)의 중심에는 요셉이 있다. 요셉 이야기에는 신화의 흔적들과 연대착오적인 요소들로 가득하다. 예를 들어 낙타에 향품과 유향과 몰약을 싣고 이집트로 내려가는 이스마엘 대상들은(창 37:25) 주전 9세기 이후에 등장했으며, 이 이야기에서 묘사하는 이집트의 배경은 요셉이 살았던 시기인 주전 2000년대가 아닌 주전 1000년 초반을 반영한다.[1] 그러나 이미 서론에서 강조했듯이 성서가 후대에 기록됐다고 해서 그 안에 역사적 요소를 담고 있을 가능성을 배제해서는 안 된다. 이제 우리는 이 질문을 마주해야 한다. 요셉 이야기에는 역사적인 요소가 있는가? 만약 있다면 그것의 의미는 무엇인가?

가나안 소년이 이집트에 노예로 팔려 가고 감옥에 갇혔지만 극적인 사건으로 풀려나 이집트 왕국의 높은 자리에 오르는 사건이 정말 한 시대에 일어날 수 있을까?

일부 학자는 요셉 이야기가 힉소스 시대와 연관이 있다고 봤다.[2] '힉소스'는 '이방 땅의 통치자' 또는 '이방 나라 민족의 통치자'라는 뜻의 고대 이집트어를 그리스어로 표기한 말이다. 이집트인들은 주전 17세기 중반에서 16세기 중반 사이 이집트를 통치한 이방인 통치자를 힉소스라고 불렀다.

이 통치자들이 나타나기 직전 시대에 가나안 출신의 아시아인 인구가 북이집트에서 급증했다. 이들 중 몇몇은 전쟁 포로로 끌려 오거나 노예 상인들에게 팔려와 강제로 이집트에 정착했다. 다른 이들은 장사를 목적으로 자발적으로 이주했다. 아시아인이 많아지면서 이집트 중앙 정권의 힘이 약화됐다. 결국 이들은 이집트 북방과 중앙을 점령했고 약 100년 동안 이집트를 통치했다. 이 통치자들은 나일강 삼각주 동쪽에 있는 도시 아바리스를 요새로 만들어 수도로 삼았다. 이 도시 유적지에서 동시대 가나안의 것과 매우 흡사한 유물들이 발굴됐다. 주전 16세기 중반 이집트 남부를 통치했던 이집트 권력자들은 힉소스에게 항복하지 않고 전쟁을 벌였고 결국 힉소스를 가나안으로 쫓아냈다.

가나안 족속이 이집트를 통치한 시대에는 이집트 사회가 혼란스러웠고 종족들 사이에 계층 이동이 있었다. 당시 이집트에서 노예였던 가나안인이 권력을 잡으면서 기존의 신분 체제가 바뀌었다. 존 반 세터스(John Van Seters)에 따르면 「이푸에르의 권고」(*The Admonitions of Ipuwer*)라는 문서는 당시의 사회·경제적 변화를 반영한다.[3] 이 문서의 저자는 이방인들이 기존 이집트인의 기득권과 재산을 빼앗고 종과 노예들은 주인이 됐다며 사회 질서 변화에 불만을 토로했다. 이 책에는 노예들이 주인이 됐다는 언급과 함께 왕궁의 서재들을 개방하고 노예 명부를 빼내는 내용이 나온다. 아시아 출신 통치자들이 이집트를 지배하면서 많은 아시아 출신 노예가 자유를 얻었고, 그들의 이름이 적힌 노예 명부는 파기됐다.

어쩌면 요셉이라는 아시아계 노예의 출세 이야기는 힉소스 시대를 배경으로 한다고 볼 수 있다. 아시아인들의 이집트 장악이 불러온 사회적 혁명은 해방된 노예들의 신분과 재정 여건이 빠르게 좋아지는 계기가 됐다.

역사학자 바루크 할펀(Baruch Halpern)이 지적했듯이[4] 요셉 시대에 이집트를 통치한 파라오 또한 힉소스 시대의 현실과 잘 맞아떨어진다. 요셉 이야기에서는 이집트인들이 목축하는 자들을 가증하게 여겼다고 강조한다(창 46:34). 그러나 파라오는 목축하는 요셉의 형제들을 가증하게 보지 않았다. 오히려 파라오는 그들에게 "땅의 좋은 곳에" 거주하게 해 주었고 그들 중 능력 있는 자를 임명해 자기 가축들도 관리하게 했다. 여기서 가나안 목동의 성향과 관점을 닮은 이집트 통치자와 목축업을 가증하게 여기는 이집트 문화 사이에 충돌이 생긴다. 이런 현실은 가나안 출신 왕들이 이집트를 지배했던 힉소스 시대와 더욱 잘 들어맞는다.

그런데 어떻게 이스라엘 민족의 형성보다 수백 년 앞선 힉소스 시대의 기억들이 성서에 들어왔을까? 아마도 고대 이스라엘 민족을 형성한 근원 중 하나가 바로 가나안 토착민이었기 때문일 것이다. 초기 이스라엘인은 중앙 산지에 드문드문 정착했지만 인구가 적지 않았다. 이스라엘인이 정착을 시작할 때 이 지역에 있었던 가나안 정착지들이 사라졌다는 증거는 없다. 현지 토착민들은 그 시대에 이곳에 들어온 피난민들 또는 이주민들과 섞여 함께 새로운 이스라엘 문명을 일궜을 것이다. 이 과정은 성서에서 유다, 시므온, 기드온이 현지 여인들과 결혼하는 장면에서 볼 수 있다(창 38:2, 46:10, 삿 8:31). 고고학적 유물도 초기 이스라엘인과 동시대의 가나안인 사이의 교류를 증명해 준다.[5]

이 가나안 정착민은 변혁의 시대라고 할 수 있는 힉소스 왕가의 이집트 제국 통치 시대의 기억들을 보존했다. 힉소스 시대는 그들에게는 권력과 왕권을 가졌던 '황금시대'였다. 그들은 아시아인들이 이집트에서 노예 생활을 하고 힉소스의 통치로 노역에서 해방되고 결국 이집트에서 쫓겨나 가나안에 정착한 일련의 과정을 간직하고 있었다.

이미 제2 성전 시대 유대 역사학자 요셉 벤 마타티야후(요세푸스)는 이 사건들과 성서의 출애굽 이야기 사이에 유사점이 있다고 봤다.[6] 앞에서 출애굽이 역사적으로 힉소스 시대로부터 400년 후인 람세스 2세 때 노예였던 하비루 신분의 소규모 무리가 이집트에서 빠져나온 사건으로 봤다. 하지만 이제는 상황이 보다 복잡해졌다. 고대 이스라엘을 형성한 두 그룹 모두에게 이집트에서의 노역과 해방의 기억이 공존하기 때문이다. 한 집단은 나중에 레위인이 된 아피루 계층의 히브리인 노예들이다. 이들은 이집트에서 노역하다가 람세스 2세와 아들 메르넵타 시대인 주전 13세기에 탈출했다. 다른 집단은 이집트 노예 생활과 주전 17~16세기 힉소스 시대의 해방을 기억·전수해 온 가나안인이다. 이들은 첫 번째 집단보다 400년가량 앞선다.

출애굽기에 나오는 이스라엘 민족의 이집트 노예 생활과 해방 이야기는 주전 13세기 히브리인들의 경험과 힉소스 시대 가나안인들의 경험의 융합으로 보인다. 이집트 내 이스라엘 민족의 수가 많아져서 이집트인들이 두려워했다는 성서의 기록은 가나안 전승으로 볼 수 있는데, 이는 앞에서 다뤘던 이집트 문헌 「이푸에르의 권고」에서 언급한 내용과 연결되는 듯하다. 이집트에서 수많은 사람이 빠져나오는 전승 또한 이와 연결된다. 이스라엘 민족을 쫓아내는 모티프는(출 11:1, 12:39) 힉소스 왕조의 몰락 이후 이집트에서 쫓겨난 가나안인들의 경험과도 잘 맞아떨어진다. 히브리인들이 가져온 전승에는 비돔과 람세스 도시 건설과 홍해를 따라 탈출한 내용이 담겨 있다. 애굽에서 도망하는 내용(출 14:5) 또한 히브리인들의 경험과 어울린다.

또 다른 유사점으로는 「이푸에르의 권고」에 나일강이 피로 변한 내용이 있으며, 힉소스를 몰아낸 파라오 아흐모세가 세운 기념비에는 매우 강한 비와 태풍 그리고 흑암 같은 이례적인 기후 변화가 기록되어 있다.[7]

이 사건들이 성서의 이집트 재앙에 대한 전승으로 들어간 것이라면 이집트 재앙 전승 또한 가나안 집단이 보존한 역사 전승에 의거한 것으로 봐야 할 것이다.

끝으로 이집트에서 탈출한 두 그룹의 지리적 공통점을 다룰 필요가 있다. 알려진 대로 힉소스 가나안인들은 나일강 삼각주 동쪽에 위치한 그들의 수도 아바리스에서 쫓겨났다. 그리고 람세스 2세의 수도 페르-람세스가 아바리스 인근에 건설됐다. 모세의 인도 아래 람세스(라암셋,

출 12:37)에서 가나안으로 도망간 히브리인들의 이야기는 어쩌면 그보다 몇백 년 전 힉소스가 아바리스에서 가나안으로 쫓겨나는 이야기의 복원일지도 모른다. 두 경험은 이후 다양한 상호 작용을 통해 통합됐겠지만 추방과 도망이라는 기억은 통합된 이야기에 남아 있다.

3장
네 세대와 430년 사이의 진실 공방

전 장에서 우리는 요셉의 이야기와 출애굽 전승이 주전 1650~1550년 힉소스 시대 가나안인의 경험과 주전 13세기 이집트 히브리인의 역사적 경험의 통합이라는 점을 살펴봤다. 이렇게 출애굽 전승을 두 집단의 경험으로 구별하면 이스라엘 민족이 이집트에서 살았던 시간에 대한 성서 전승의 심각한 모순을 해소할 수 있다. 이 모순은 고대부터 오늘날까지 성서 해석가들의 관심을 끄는 주제다.

모순된 내용은 창세기 15장과 출애굽기 앞부분에 나타난다. 창세기 15장에서 하나님께서는 아브라함에게 미리 예고하신다.

> 여호와께서 아브람에게 이르시되 너는 반드시 알라 네 자손이 이방에서 객이 되어 그들을 섬기겠고 그들은 사백 년 동안 네 자손을 괴롭히리니(창 15:13).

이 내용을 단순히 이해하자면 아브라함의 후손들이 이방 땅에 거주할 것이며 그곳에서 노역하며 400년 동안 괴롭힘을 당한다는 선언이다. 그런데 그 다음 구절에는 약간 다르게 기록되어 있다.

> 네 자손은 사대 만에 이 땅으로 돌아오리니 이는 아모리 족속의 죄악이 아직 가득 차지 아니함이니라 하시더니(창 15:16).

여기서는 노역 기간이 네 세대 동안 지속된다고 말한다. 이것이 서로 모순된 증언들인지는 한 세대의 기간을 어떻게 해석하느냐에 달렸다. 몇몇 성서학자는 성서의 세대는 사람의 대략적 평균 수명과 동일하다고 해석했다. 아브라함이 175년을 살았으니(창 25:7) 당시 한 세대는 100년 정도 됐을 것이다. 하지만 이 해석을 받아들인다고 해도 여전히 문제를 완전히 해결하지는 못한다.

출애굽기는 이스라엘의 이집트 수난 기간을 약간 다르게 설명한다.

> 이스라엘 자손이 애굽에 거주한 지 사백삼십 년이라(출 12:40).

출애굽기에도 이스라엘 민족의 이집트 거주 기간을 네 세대라고 보는 내용이 나오는데, 모세와 아론은 레위의 4대손이다(출 6:16-20). 이 경우 네 세대와 430년 사이의 긴장을 해소하기란 쉽지 않다. 더 구체적인 기간을 표현하는 430이 더 오래된 전승일 것이며, 창세기 15장의 400은 대략적이지만 예표적인 숫자로 봐야 할 것이다. 어쩌면 이 난제를 해결하기 위해 400년과 네 세대를 동일시한 것으로 보인다.

면밀히 살펴보면 창세기 15장 전승은 이전 전승들 간의 모순과 충돌을 절충하고자 한 후대의 시도로 보인다. 이 점을 뒷받침하기 위해서 아브라함이 하란에서 가나안 땅으로 떠나는 내용에서 서로 상충되는 두 전승을 살펴보고자 한다. 창세기 11:26~32에 의하면 아브라함은 바벨론 남쪽 도시인 갈대아 우르에서 태어났다. 우르에서 가나안으로 떠나는 결정은 이미 아브라함의 아버지 데라가 내린 것이다.

> 데라가 그 아들 아브람과 하란의 아들인 그의 손자 롯과 그의 며느리 아브람의 아내 사래를 데리고 갈대아인의 우르를 떠나 가나안 땅으로 가고자 하더니 하란에 이르러 거기 거류하였으며 데라는 나이가 이백오 세가 되어 하란에서 죽었더라(창 11:31-32).

데라가 고향을 떠난 까닭은 분명하지 않다. 어찌 됐든 그는 가나안에 도착하지 못했고 북시리아 하란[1]에서 죽었다. 그리고 아들 아브라

---

[1] 역사적으로 하란은 북시리아 지역이었다. 현재는 튀르키예 남부 지역이다.

함이 하란에서 가나안으로 가려던 데라의 계획을 완수했다.

> 아브람이 그의 아내 사래와 조카 롯과 …… 가나안 땅으로 가려고 떠나서 마침내 가나안 땅에 들어갔더라(창 12:5).

이 전승에 따르면 데라의 이동은 인간적인 결정이었지 하나님의 뜻이 아니었다. 데라가 이 여정을 계획했고 그의 아들 아브라함은 이 여정에 동참한다. 그러나 창세기에는 이 전승과 함께 전혀 다른 전승이 나타난다.

> 여호와께서 아브람에게 이르시되 너는 너의 고향과 친척과 아버지의 집을 떠나 내가 네게 보여 줄 땅으로 가라(창 12:1).

아브라함은 하나님의 명령을 따라 가나안에 갔다. 그는 이 여정에서 아버지와 함께하지 않았으며 오히려 아버지의 집과 분리되어야 했다. 그가 떠나야 할 고향과 아버지의 집이 어디인지는 이후 구절에서 말해 준다(창 12:4-5). 아브라함이 아들 이삭을 위한 아내를 구해 오도록 그의 늙은 종을 보내는 장면에서 이렇게 말한다.

> 내 고향 내 족속에게로 가서 내 아들 이삭을 위하여 아내를 택하라 …… 하늘의 하나님 여호와께서 나를 내 아버지의 집과 내 고향 땅에서 떠나게 하시고 …… 그가 그 사자를 너보다 앞서 보내실지라 네가 거기서 내 아들을 위하여 아내를 택할지니라(창 24:4-7).

늙은 종은 갈대아 우르 브두엘의 집으로 가서 그곳에서 브두엘의 딸이자 라반의 누이 리브가를 데리고 왔다. 브두엘과 라반은 하란에 거주했다(창 29:4). 이 전승에 따르면 아브라함은 갈대아 우르가 아닌 하란에서 태어났으며 하나님께서 그를 그의 고향과 아버지의 집에서부터 불러내셨다. 창세기 15:7에는 서로 다른 두 전승의 결합이 나타난다.

> 또 그에게 이르시되 나는 이 땅을 네게 주어 소유를 삼게 하려고 너를 갈대아 인의 우르에서 이끌어 낸 여호와니라.

첫 번째 전승처럼 여기서도 아브라함의 출생지는 갈대아 우르이다. 반면에 "너를 이끌어 낸"이란 표현은 하나님께서 아브라함에게 출생지를 떠나라고 명하셨다는 두 번째 전승을 내포한다.[1]

창세기 15장을 두 전승을 조화하고자 하는 해석이 들어간 본문으로 보는 것은, 400년을 예표적인 숫자로 이해해 이집트 거류 기간의 차이를 해결하려는 시도이다. 창세기 15장은 400년과 네 세대를 동일시해 모순을 해결하려 했다. 그러나 출애굽기 12:40의 가장 오래된 전승은 이스라엘 민족의 거류 기간을 430년으로 정하는데, 대신 이 기간 전체가 노역 기간이라고 말하지는 않는다. 반면 창세기 15:13에는 400년 전체가 노역과 고난의 시간이라고 기록됐다.

그렇지만 창세기 15장의 조화를 위한 시도는 가장 오래된 전승과 나머지 전승들 사이의 모순을 해결해 주지는 못한다. 그런데 이 전승들이 생겨난 배경은 무엇일까? 과연 이스라엘 민족은 출애굽기 12:40에서 말하는 것처럼 이집트에서 430년을 살았는가, 아니면 출애굽기 6장의 레위 자손의 수효대로 네 세대 동안 살았는가?

먼저 네 세대의 기간을 얼마로 봐야 하는지 알아보자. 이는 하나님께서 정탐꾼들의 일로 인해 출애굽한 세대인 '광야 세대'에게 내리신 벌에서 단서를 찾을 수 있다.

> 그때에 여호와께서 진노하사 맹세하여 이르시되 애굽에서 나온 자들이 이십 세 이상으로는 한 사람도 내가 아브라함과 이삭과 야곱에게 맹세한 땅을 결

> 코 보지 못하리니 이는 그들이 나를 온전히 따르지 아니하였음이니라 …… 그들에게 사십 년 동안 광야에 방황하게 하셨으므로 여호와의 목전에 악을 행한 그 세대가 마침내 다 끊어졌느니라(민 32:10-13. 신 1:35, 2:14 참조).

'여호와의 목전에 악을 행한 그 세대'로 불리는 집단은 출애굽 당시 20대 이상이었고 광야에서의 방황이 끝날 때쯤 다 죽었다. 여기서 '한 세대'를 약 40년 정도라고 유추할 수 있다. 마찬가지로 출애굽기 6:16~20에 기록된 레위와 아들들의 나이가 매우 과장됐다고 할 수 있지만, 이집트 노역 기간이 한 세대당 40년 정도로 네 세대에 걸쳐 160년 동안 이어졌다는 맥락은 비슷하다. 따라서 성서에는 이집트에 머문 기간이 430년이라는 전승과 레위 자손의 세대 수대로 확연히 짧은 160년이라는 두 전승이 있다.

앞서 이야기한 대로 430은 예표적인 숫자가 아니며[2] 신뢰할 만한 전승이 담겨 있을 것이다. 이전 장들에서 다뤘던 대로 힉소스 시대 이집트 가나안인과 주전 13세기 이집트 히브리인의 경험이 합쳐져 출애굽 이야기를 형성했다는 분석은 430년이라는 숫자에 대한 설명을 가능하게 한다.

힉소스의 이집트 통치는 제15왕조 시기, 주전 1638년에 시작된 것으로 보인다.[3] 이집트 히브리인이 주전 1208년경 이집트를 탈출했다고 가정할 때, 힉소스 왕조가 통치하기 시작한 시기와 메르넵타 당시 히브리인이 출애굽한 시기의 차이는 430년이다.

모든 재료를 녹여 하나로 만드는 용광로처럼, 각기 다른 출신의 무리는 이스라엘이라는 용광로를 통해 집단의 다양한 경험을 종합해 보게 됐다. 이런 관점에서 이집트 힉소스 시대 가나안인 선조들의 고난과 레위 자손 히브리인의 고난이 합쳐졌다고 할 수 있다.

하지만 이 추정은 의문을 제기한다. 성서 저자들은 어떻게 힉소스 왕조가 왕권을 차지한 시점을 알았으며 히브리인들이 이집트에서 나온 정확한 시점을 기억하고 있었을까?

어쩌면 성서 저자들은 파라오 람세스 2세가 히브리 노예들을 동원해 건설한 자신의 수도 페르-람세스에 세운 기념비를 참고했을 수 있다. 람세스 2세는 힉소스와 관련이 있다. 람세스는 힉소스의 수도였던 아바리스의 터 위에 페르-람세스를 세웠다. 그는 힉소스의 중심지였던 나일 삼각주 서쪽 지역 출신이었는데, 어쩌면 그의 조상들 중에는 가나안 이민자들이 있었을 수도 있다. 종교적으로도 람세스 가문과 힉소스 전통 사이에 유사점이 있다. 람세스 가문에 '세티'라는 이름이 흔하다는 점은 힉소스의 수호신 '세트'와 관련이 있다.

가나안에서 온 힉소스인들은 주로 폭풍과 비의 신인 바알을 숭배했다. 바알의 아내는 여신 아나트다. 힉소스인은 이집트로 들어오면서 바알을 폭풍과 흐린 하늘을 나타내는 이집트 신 세트와 동일시했다. 힉소스 왕 중 하나인 아포피스(Apophis)는 오직 세트만을 숭배했다고 알려져 있다.[4] 이집트에서 아나트 여신 또한 세트의 배우자로 받아들여졌다. 람세스 2세 가문의 이름들은 이러한 신들과의 관련성을 보여 준다. 람세스 2세의 아버지의 이름은 세티였으며, 그의 딸 중 하나는 '바나트-아나트'(아나트의 딸)라고 불렸다.

람세스 2세는 '사백 년 석비'(Year 400 Stela)라는 비석을 수도 페르-람세스에 세웠다. 페르-람세스가 무너진 뒤 이 비석은 후대에 이집트의 수도가 된 타니스-쪼안이라는 도시로 옮겨졌다. 람세스는 이 비석에 세트가 이집트를 통치한 400번째 해를 기리고 있다. 비석의 상단에는 세트가 바알의 모습으로 묘사되어 있다. 이 비석이 세워진 정확한 시기는 알 수 없으나 기록의 방식이나 양식을 봤을 때, 재위 34년째 되는 해인 주전 1246년과 그 이후로 추정된다. 앞서 언급했듯이 힉소스 왕조(제15왕조)가 주전 1638년경부터 통치했다. 결과적으로 이 비석이 세워진 시기는 400년 후인 주전 1238년 무렵일 것이다.[5]

이집트 히브리인 중에는 이집트 문화를 수용하고 자녀의 이름을 이집트식으로 지은 사람들도 있었다. 이들은 비석의 의미, 특히 힉소스의 이집트 통치 400년을 기리는 내용을 충분히 이해했을 것이다. 어쩌면 레위인 집단의 역사 인식은 그들의 이집트 탈출 사건이 람세스 2세의 '사백 년 석비'가 세워지고 30년이 지난 뒤에 일어났다는 기억일 수도 있다.

이 모든 사건과 시기의 재구성도 가설일 뿐이다. 출애굽기에서 언급된 이스라엘 민족의 이집트 거류 연수 430년은 힉소스의 이집트 통치 초기부터 메르넵타 시대 이집트 탈출까지의 430년을 잇는 두 집단의 결합이라고 볼 수 있다. 만약 이것이 합쳐진 사건이 아니라 역사적 사실을 반영하고 있다면 다음과 같은 질문이 파생된다. 어떻게 고대의 전승이 완벽하게 보존되며 대대로 이어져 내려올 수 있었을까? 과연 이 전승은 글로 기록된 전승이었을까, 아니면 입으로 전해진 전승이었을까? 이 경우는 답이 간단하지 않다.

먼저 우리가 질문할 것은 어떤 문자를 말하느냐는 것이다. 이집트식 이름을 가진 히브리인 중 일부는 이집트 사회에 동화되어 상형문자와 신성문자를 읽고 쓰는 직업을 가졌을 수 있다. 시리아 출신 이민자의 후손이 이집트 재무부 서기관이 됐다는 기록은 이런 가능성을 뒷받침해 준다.[6] 그러나 이집트를 빠져나온 레위 히브리인 중에 상형문자를 읽고 쓸 줄 아는 사람들이 있었다고 해도 그 지식이 후대까지 이어졌다고 보기는 어렵다. 그리스 에게해에서 소아시아 해안으로 건너온 블레셋 족속도 자신들의 문자를 잃어버렸다. 이처럼 레위 히브리인의 상형문자 지식도 빠르게 사라졌을 것으로 볼 수 있다.

그러나 히브리인의 경우는 더 복잡하다. 이들이 원시 셈(Proto-Semitic) 문자 또는 원시 가나안(Proto-Canaanite) 문자를 사용했을 가능성을 염두에 두어야 하기 때문이다. 고대 히브리어 문자로 발전한 고대 셈 문자는 인류 역사에서 혁명적인 발견 중 하나이다. 고대 바벨론인과 이집트인은 그림 문자를 사용했는데 단어마다 다른 기호로 표현했다. 이런 식의 문자는 상당히 많은 기호가 필요했고 배우는 데 시간이 오래 걸렸다. 그래서 지극히 적은 사람만 읽고 쓸 줄 알았으며 고대 바벨론과 이집트에서는 상류층 사람들에게 글을 다루는 일을 가르치는 학교들이 생겼다. 이 학교들은 왕의 뜰 근처나 대신전 안에 있었다.

1905년 영국의 유명한 고고학자 플린더스 피트리(Sir W. M. Flinders Petrie)는 시내 반도 서편 산악지대에 위치한 세라빗 엘-카뎀(Serabit el-Khadem)에서 발굴을 진행했다. 이곳에는 고대 이집트 왕국의 터키석 광산과 이집트 여신 하토르의 신전이 있었다. 여기에서 상형문자로 기록된 30자를 넘지 않는 짧은 문서들이 발견됐다. 이 문서들은 터키석 채굴에 고용된 셈족 출신 광부들의 기록으로, 이집트의 그림 문자인 신성문자를 매일 접한 광산 노동자들은 문자나 단어마다 그림을 달리하는 대신 자음에 해당하는 그림을 정해 필요한 문자의 수를 대폭 줄였다. 이렇게 알레프 베트(히브리어 알파벳) 문자가 탄생하게 됐다. 알파벳은 일상을 나타낸 그림에서 시작했는데, 알레프(א)는 황소 모양이고 베트(ב)는 집 모양, 달레트(ד)는 물고기 모양에서 가져왔다.

발굴을 통해 이 문자들의 연대가 주전 15세기로 측정됐다. 그러나 이스라엘의 세겜, 게셀, 라기스 세 지역에서 세라빗 엘-카뎀에서 발견된 문자와 유사하지만 100년에서 200년 정도 앞선 문자들이 발견됐다. 시내에서 발견된 문자는 이미 글자들의 도식이 조금씩 변해 부분적으로 문자가 그림을 대체하는 경향이 있지만, 이스라엘에서 발견된 문자는 카프(כ) 글자는 손바닥 그림으로, 레이쉬(ר) 글자는 사람 머리 그림으로 나타내는 등 알레프 베트 문자의 원시 형태를 더 완벽하게 보존하고 있다. 이로 인해 알파벳이 이스라엘 땅에서 시작됐다고 보는 주장이 확산됐다.

그러나 최근 몇 년간 이 주장마저 뒤집어졌다. 1999년 예일대학교의 존 콜먼 다넬(John Coleman Darnell) 박사가 이집트 남쪽 고대 도시인 테베(룩소르)에서 멀리 떨어지지 않은 와디 알-홀에서 고고학 발굴을 진행했다. 이 발굴에서 주전 19세기 알파벳으로 기록된 문자판 두 개가 발견됐다. 이 문자판은 시내 문자판보다 400년 앞서며 이스라엘에서 발견된 고대 문자판보다 200년 앞선다. 발굴된 이 문헌에는 그곳에 셈족 출신 군인들이 있었음을 말해 준다. 알파벳의 창시자는 주위에 이집트 문자가 통용되던 시기에 살았던 셈족 출신 사람들이었다. 이 고대 알파벳은 가나안, 히브리, 아람 문자로 발전했고 후대에는 그리스와 라틴 문자로까지 발전했다.

정황상 이집트의 히브리인 집단은 고대 셈어 문자를 알았을 수 있다. 이 문자는 가나안에서 사용한 문자와 매우 흡사했기 때문에, 이집트 히브리인은 가나안 정착 과정에서 문화적 충격을 그다지 받지 않았을 것으로 보인다. 고대 셈어 문자가 초기 이스라엘인들 사이에 알려져 있었음을 증언해 주는 자료들이 있다. 로쉬 하아인(Rosh HaAyin) 지역의 이즈베트 자르타(Izbet Zarta)는 주전 12세기 이스라엘 지파들이 가나안 정착기 때 거주했던 장소이다. 법궤가 블레셋의 손에 넘어간 사건(삼상 4:2-11)의 현장인 에벤에셀로 보는 이들도 있다. 이곳에서 토기가 발견됐는데 그 안에는 알레프 베트 문자가 순서대로 새겨져 있고, 그 위에는 무작위로 여러 글자가 적혀 있었다.[7] 학자들은 이 토기가 문자를 가르치는 용도로 사용됐다고 본다. 이것을 기록한 사람은 가나안에 정착한 초기 이스라엘인으로서 알레프 베트 문자를 배웠을 것이다. 라말라(Ramallah) 인근에 있는 이스라엘인의 또 다른 거주 유적지인 라다나(Raddana)에서는 짧은 히브리 글귀가 새겨진 토기의 손잡이가 발견됐다.[8] 그 외에도 여러 장소에서 동시대의 짧은 히브리 비문이 발견됐다.[9]

레위 히브리인들이 이집트에서 가져온 지식은 후대 이스라엘의 제사장에 의해 전승되고 글로 옮겨져 대대로 이어졌을 것이다. 주전 8세기까지 이스라엘에 글을 읽고 쓰는 지식은 널리 퍼지지 않았지만 이스라엘의 제사장 집단 내에서는 대대로 글을 읽고 쓰는 지식이 전수됐을 것으로 보인다. 이러한 추정은 제사장 계층이 읽기와 쓰기를 배운 반면 대다수 백성은 이 지식을 누릴 수 없었던 당시 고대 근동의 정황과 맞다.

쓰기 지식의 전수와 함께 구전의 가능성도 고려해 볼 필요가 있다. 이는 여러 문명에서 찾아볼 수 있는데, 주후 처음 몇 세기 동안 유대 사회에서는 미쉬나와 탈무드 문학 전체를 구전으로 전수했다. 그리스 고대 문자를 잃어버린 문명적 위기 속에서도 소아시아에 정착한 그리스인들은 모국에서 가져온 지식을 정확하게 보존하고 대대로 구전으로 전달했다. 『일리아드』의 두 번째 서사시 494~759줄에는 아카이아인의 배들의 상세한 목록과 출신지, 선원들이 속한 부족과 지도자들의 이름이 언급된다.[10] 그런데 이 목록의 상당수가 작품의 다른 부분들에 나오는 정보와 일치하지 않는다. 목록에 기록된 도시들 중 대부분은 호메로스 때에는 이미 폐허가 된 뒤였고 저자는 이 목록을 앞선 세대에게 받았을 것이다. 이 목록은 미케네 왕국의 멸망과 그리스인들이 소아시아 해안으로 피난하기 직전의 아카이아인들의 현실 세계를 보여 준다. 고대 그리스 문자가 잊히고 유실됐다면, 이런 세밀하고 복잡한 목록은 입에서 입으로 수백 년 동안 전해졌을 것이다. 미쉬나와 탈무드같이 광범위한 전승도 구전됐다는 사실을 아는 이들은 인류의 전승 능력을 의심하지 않을 것이다.

대대적인 이동으로 인한 문화적 공황에도 불구하고 이런저런 방법으로 고대 지식과 전승이 대를 이어 전수되면서 보존될 수 있었다. 고대 사회의 오래된 전승 과정을 볼 때, 430년이라는 정보는 제법 정확하고 근거가 있으며 전승의 시작은 주전 13세기 이집트로 추정된다.

지금까지의 분석은 족장들의 시대를 연구하는 데 큰 영향을 주었다. 창세기 15장에서 하나님께서는 아브라함에게 그의 자손들이 이방 땅에서 400년 동안 객으로 살 것이라고 말씀하셨다. 학자들은 하나님께서 아브라함에게 말씀하신 후 그의 후손들이 이집트로 내려가기까지 100년 정도 걸렸다고 보고, 족장들의 시대를 출애굽보다 약 500년 전으로 역산했다. 일반적으로 출애굽 연대를 주전 13세기로 추정한다면 족장들이 살던 시대는 주전 18세기가 된다. 하지만 연구를 통해 이 가설을 분석해 볼 필요가 있다. 우리는 앞서 400년을 후대의 해석이 포함된 예표적인 숫자로 봤다. 반면에 보다 정확한 숫자인 430년은 힉소스 시대의 가나안인의 기억과 주전 13세기 레위 히브리인들의 노역과 탈출의 기억의 통합이다. 하지만 해당 숫자들로 족장들의 시대를 파악하기에는 무리가 있다.

지금 해야 할 질문은 이것이다. 조상들은 누구를 대표하는가? 그들은 가나안인의 조상인가, 아니면 히브리 집단의 조상인가? 혹은 전혀 다른 그룹의 조상인가? 다음 장에서는 이 질문들에 대해 논할 것이다.

4장
내 조상은 방랑하는 아람 사람

S. M. 바우라(S. M. Boura 또는 C. M. Bowra)는 그의 논문 「그리스의 영웅담」에서 호메로스의 작품은 황금기의 영웅심과 영웅들의 신화를 각색한 것이라고 말했다. 그에 따르면 이런 현상은 호메로스의 작품뿐만 아니라 다른 여러 문화에서도 찾아볼 수 있다.

그는 영웅담의 신화를 다음 문장들로 표현했다.

> 역사적 사실에 기반한 대부분의 영웅담에 따르면 …… 이 전설들의 근거 자료는 역사가 아니다. 지어낸 이야기를 퍼뜨리고 일부를 축소시키거나 삭제하기도 한다 …… 전설들은 시간과 공간의 한계를 무시하기도 하며 다른 시대 사람들을 함께 등장시키기도 한다 …… 고향을 떠나 타지를 방랑하는 영웅은 자신의 행적을 신화화하고 자연스레 그의 과거는 신화의 기원이 된다.[1]

그리스 영웅 신화는 타국으로 이주해야 했던 그리스인들과 그들의 화려했던 과거를 이어 주는 연결고리가 됐다. 영웅 신화는 과거의 영웅적인 요소를 강조하면서 패배나 노역과 같은 사건은 축소시키거나, 언급하더라도 반란 또는 해방으로 결말지었다. 호메로스는 트로이가 아카이아를 상대로 우위를 점했지만 결국 이 전쟁에서 아카이아가 승리한 순간을 이와 같은 방식으로 묘사했다. 그러나 호메로스 신화는 주전 13세기 트로이 전쟁 이후 멸망한 아카이아 왕국과 미케네 문명에 관해서는 전혀 언급하지 않는다. 찬란한 시기와 영웅들의 이야기는 다루지만 이후에 패배하고 파괴되고 강제로 이주된 내용은 찾아볼 수 없다.

고대 이스라엘 사회를 구성하는 두 주요 집단의 역사적 경험을 담아낸 요셉 이야기와 출애굽 전승에는 노역과 패배와 치욕의 내용과 더불어 승리와 해방과 긍지가 포함됐다. 호메로스 서사시와 마찬가지로 두 전승에서도 역사적으로 껄끄러운 모티프들이 나올 때는 분류와 선택이 이루어졌다. 예를 들어 요셉 이야기에는 이집트 힉소스 왕조의 몰락에 대한 직접적인 언급은 없지만 힉소스 시대 이전 가나안인의 이집트 노역에 대한 내용이 포함되어 있다. 이는 힉소스인들의 집권과 함께 가나안인이 해방됐고 요셉이 높은 위치로 올랐기 때문이다. 같은 방식으로 람세스 2세 당시 히브리인들의 노역이 비중 있게 묘사되는데, 이는 다음 파라오 메르넵타 때 노역으로부터 해방됐기 때문이다.

이집트에서의 경험을 담은 전승들과 아울러 북쪽에서 온 전승들은 이스라엘 민족의 조상이 갈대아 우르의 하란에서 왔다고 전해 준다(창 12:4-5, 29:4). 이 지역의 지명들 중 데라, 나홀, 스룩은 아브라함의 가족의 이름과 같다.

조상에 관한 전승들은 역사적 가치가 있는 것일까?

성서학자들과 고고학자들은 초기 이스라엘에 관한 성서 전승들의 역사성을 부인하며, 연대착오적인 요소를 강조했다. 3장에서 살펴봤듯이, 창세기 15장에서 하나님께서는 아브라함에게 그의 자손이 이집트에서 400년간 노예 생활을 할 것이라고 알려 주셨고, 이동 시간을 포함하면 아브라함이 출애굽보다 약 500년 앞선 시대에 살았을 것으로 추정된다. 출애굽 사건이 주전 13세기에 일어났다면 아브라함은 주전 18세기 사람이었을 것이다. 그런데 아브라함과 이스라엘 민족의 족장들의 이야기에는 그 당시에는 있을 수 없는 요소들이 나온다.

예를 들면 아브라함이 많은 낙타 떼를 소유했고(창 24:10), 야곱이 밧단아람에서 돌아올 때 아내와 자녀들을 낙타에 태웠다고 기록하지만(창 31:17), 낙타가 대대적으로 사육되기 시작한 시기는 주전 10세기 말경이다. 야곱 이야기에는 삼촌 라반이 아람 사람으로 묘사되는데, 아람인들이 민족으로 처음 언급된 시기는 출애굽 이후인 주전 12세기 말이다. 족장들의 이야기에서 블레셋인들이 등장하는 내용 또한 모순된다. 블레셋인들은 주전 12세기 중반이 되어서야 가나안에 정착했기 때문이다.

이는 족장 전승의 권위를 뒤흔들어 놓을 수 있다. 우리가 파악한 이스라엘의 복잡한 속성을 고려하면 다음과 같은 질문을 할 수 있다. 과연 족장 전승과 이집트 거류 전승은 서로 연관성이 있는가?

이 질문에 대한 답은 지금까지 다뤘던 두 집단, 힉소스 시대 때 조상들이 이집트에 거주한 가나안인 집단과 람세스 2세 때 이집트에서 노역한 히브리인 집단의 관계를 파악하는 것에 달렸다.

가나안 집단은 그 부모로부터 가나안 땅에서 태어난 원주민이기에 그들을 하란에서 이주한 조상과 연결시키기에는 무리가 있다. 이집트의 히브리인 집단은 하비루-아피루 계층에 속했다. 이들을 유목민 계층과 같은 부류로 볼 수 있기에 기본적으로 그들과 족장들을 연관시켜볼 수 있다. 이 연결점을 뒷받침하는 근거로 창세기에서 아브라함을 "히브리 사람"(창 14:13)이라고 기록한 것을 들 수 있다. 그러나 보다 면밀히 연구해 보면 이 연결점에 상당한 문제가 있음을 알 수 있다. 족장들은 이곳저곳 떠돌면서 목축도 했지만 때로는 농업에 종사하는 사람으로도 묘사된다(창 13:2-8, 26:12-14, 37:12). 하지만 하비루 집단은 목축업이나 농업에 종사하지 않았다. 그들은 여러 잡일로 생업을 이어갔으며, 절도나 약탈을 하거나 용병으로 참전하기도 했다. 성서에서 이런 패거리의 예로 다윗이 사울로부터 도망할 당시 그를 중심으로 모여든 무리를 들 수 있다. 성서는 그들이 환난 당하고 빚지고 원통한 사람들이라고 설명한다(삼상 22:2). 그들은 주변 목동들의 양을 보호해 주는 대가로 삯을 받아 생활했으며(삼상 25:4-8, 15-16), 나중에는 가드 왕 아기스의 용병으로 합류했다(삼상 27:1-4, 28:1-2, 29:1-8). 또한 창세기 14장에 소개된 전쟁 이야기의 역사성이 결여된 점을 감안한다면, 이 장에서 아브라함을 '히브리 사람'으로 지칭한 것에 근거해 하비루 집단과 족장들을 연관 짓기는 어렵다.

우리는 족장들이 지금까지 다뤘던 두 집단 중 어느 집단과도 연관이 없으며, 그들의 이집트 거류 전승과도 관련이 없다는 결론을 얻었다. 그렇다면 창세기 15장의 400년과 출애굽기 12장의 430년이라는 숫자는 족장들의 시대와 그들이 하란에서 가나안으로 이동한 시기를 파악하는 데 명쾌한 도움을 주지 못한다. 족장들의 전승과 하란에서 가나안으로의 이주는 고대 이스라엘을 이루고 있던 또 다른 그룹과 관련된 것으로 보인다.

족장들이 이스라엘로 들어온 시기는 언제인가? 족장들과 관련된 전승을 보면 다양한 부족이 있었음을 알 수 있다. 창세기에는 블레셋 족속(창 21:32-34, 26:1-18), 헷(히타이트) 족속(창 23:3-18, 26:34, 27:46) 그리고 히위 족속(창 34:2)이 등장한다. 후대에 등장하는 블레셋이 헷, 히위 족속과 함께 등장한다는 점에서 해당 내용의 역사성이 의심받을 수도 있지만, 헷과 히위 족속은 후대로 가면서 존재감이 미비해지는 데 반해 블레셋의 활동이 활발해지는 점에서 내용 전체가 연대착오적이라고 보기는 어렵다. 이 모든 부족들의 공통점이 있다면 모두가 인도-유럽계라는 점이다. 블레셋 족속의 기원은 아마도 그리스였을 것이다. 헷 왕국은 소아시아를 거점으로 잡았는데, 그곳에는 히위 족속의 본고장인 길리기아 지역이 있다.[2]

나는 역사학자 나다브 나아만(Nadav Na'aman)의 주장에 동의한다.³ 그는 해당 집단들이 이스라엘 땅에서 존재하게 된 이유를 주전 13~12세기에 이 지역을 강타했던 거대한 재난들의 결과라고 봤다. 그리스의 미케네 문명의 멸망으로 인해 블레셋 사람들은 에게해에서 지중해까지 유랑했다. 같은 시기 왕국이 분해된 헷과 히위 사람들도 그 지역에서 떠났고 극소수가 가나안에 정착했다. 따라서 족장들 이야기의 역사적 배경은 주전 13~12세기이다.⁴

그렇다면 족장들의 시기는 고고학적으로 밝혀진 대로 중앙 산지에 자리 잡은 초기 이스라엘인들의 정착 시기와 겹친다. 과연 족장들과 산에 거주한 초기 이스라엘인들을 동일시할 수 있을까? 초기 이스라엘인들이 대부분 갈대아 우르 하란 지역에서 왔다고 보는 것이 가능한가?

서론에서 말했듯이 족장들의 시대를 언급하며 아람 나하라임(갈대아 우르)이라는 명칭을 사용하는 것은 연대에 맞지 않다. 하란은 주전 10~9세기 당시 아람 족속의 통치 영역이었다. 족장들의 이야기를 글로 기록한 주전 8세기 또는 그 이후의 저자들은 족장 시대에 이미 아람 족속이 하란을 통치하고 있었다고 가정했기에, 아람 나하라임 또는 밧단 아람으로 불렀고(창 24:10, 25:20, 28:2, 31:18), 아울러 라반과 그의 가족을 아람인으로 묘사했다(창 25:20, 31:20, 24).

그런데 족장들과 그들의 가족의 출신과 관련해 '아람'과 '아람인들'이라는 연대착오적인 말을 사용한 것은 오히려 이 전승의 핵심에 신빙성을 더하기 위함이라고 볼 수 있다. 아람 왕국들은 주전 10세기에 세워졌고 주전 8세기 중반 앗수르가 침공할 때까지 존속했다. 이 시기 아람과 이스라엘 사이에 전쟁이 빈번하게 일어났다. 따라서 족장들을 아람 출신으로 보는 전승을 후대의 전승이라고 추정하기는 어렵다. 후대 저자들이 이스라엘 조상의 기원을 굳이 적국 아람과 연루시킬 이유가 무엇이겠는가?⁵

초기 이스라엘인들이 하란 출신이었을 가능성을 알아보려면 먼저 이들의 중앙 산지 정착 추정 시기의 고고학적 증거들을 살펴봐야 한다. 앞서 다뤘듯이 주전 13세기 후반부터 새로 이주한 집단이 이 지역에 자리잡았는데 어쩌면 이 새로운 정착민들이 메르넵타와 대결한 고대 이스라엘인이라고 볼 수 있다. 남쪽의 예루살렘부터 북쪽 사마리아 산지까지 이어지는 산악 지역에는 약 100년 사이에 새로운 정착지가 250개가량 생겨났고 이곳들 중 몇몇은 왕정 시대까지 지속됐다.[6]

이들이 어디에서 왔는지는 고고학자들 사이에 의견이 나뉜다. 이스라엘의 고고학자 이스라엘 핀켈슈타인(Israel Finkelstein)은 새 정착민들은 가나안 동쪽 경계에서 온 유목민들이라고 추정했다.[7] 미국 고고학자인 윌리엄 데버(William G. Dever)는 그들이 서쪽 가나안 중심지인 쉐펠라 평지와 골짜기 지역에서 왔다고 주장했다.[8]

또한 이스라엘 거주지에서 발견된 토기와 같은 시기의 가나안 토기와의 연관성에 대해서도 고고학자들 사이에 입장이 나뉜다. 핀켈슈타인은 가나안인이 거주한 지역의 세라믹 유물과 초기 이스라엘인의 거주지의 토기 사이의 분명한 차이를 강조했다.

> 전체적으로, 정착지의 세라믹은 가나안 중심지와 정반대의 형태를 띤다. 거칠고 모양이 제각각인 가나안 중심지의 토기들과는 달리 정착지의 토기는 종류가 다양하지만 통일된 형태를 지녔다.[9]

반대로 데버는 가나안 중심지에서 사용된 토기와 이스라엘 정착지에서 발견된 토기들 간에 유사성을 강조했다.[10]

서로 상반되는 해석 때문에 일상 토기구 유물들로는 새로운 정착민들의 출신 종족을 파악하기 어렵다. 이에 대해 나아만은 이렇게 말했다.

정착민 집단은 고유의 문화를 고수하기도 했지만 현지의 문화를 받아들이다 못해 고유한 문화의 흔적이 남지 않은 경우도 있다.[11]

데버도 비슷하게 주장했다.

고고학 현장을 조사하고 연구하다 보면 다양한 경우를 접하게 된다. 눈에 띄는 인구 이동이 없었던 시대에도 급격하게 토기가 변화하기도 하며 …… 이와 반대로 새로운 민족과 문화의 활발한 유입에도 불구하고 흔적이 미미하게 남는 경우도 있다.[12]

새 정착민들이 요리와 음식을 저장하는 데 사용한 토기들과 당시 가나안 토기들 사이의 유사점에서 정착민들의 출신을 밝혀 내는 것은 어렵다.[13] 핀켈슈타인은 이렇게 말했다.

뚜렷한 문화 전통이 없는 집단들이 정착하는 과정에서 주변의 발전한 문화를 받아들인다고 볼 때 정착민과 가나안인의 토기의 유사성은 특별할 게 없다.[14]

이를 볼 때 산 위에 정착한 초기 이스라엘인은 가나안 땅과 문화권 밖에서 왔고 일상생활에 필요한 도구들을 생산하기 위해 현지 토기 제작 기술과 방식을 도입한 것으로 보인다. 세계 곳곳에서도 새로운 민족 집단이 유입되어 정착했지만 그 지역에서 뚜렷한 고고학적 흔적을 남기지 않은 경우를 볼 수 있다.[15]

나는 단지 고고학적 증거만으로 이스라엘인들의 민족적 독특성을 파악하기는 어렵다는 입장을 받아들이지만, 제의 유물에 대해서만큼은 의견을 달리한다. 이 점에서 나는 고고학자이자 고대 미술학자인 피르히야 벡(Pirhiya Beck)의 분석에 동의한다.

유적을 통해 초기 철기 시대 인종 집단들의 '민족적 특징'을 파악하기

에는 어려움이 있지만, 오히려 제사 도구에는 그 특징이 남아 있을 수 있다.[16]

일상의 유물과 제의 도구를 구분하는 이유는 제의 영역에는 전통성이 있기 때문이다. 벡에 의하면 이주민은 오랫동안 고유의 제의 도구 전통을 보존하는 경향이 있으며 때로는 현지의 요소들을 혼합하기도 했다.

산지에 정착한 새 정착민을 가나안 출신으로 보던 학계의 일반적인 주장을 뒤집는 제의 유물이 나왔다. 이스라엘인들의 거주 현장에서 주전 13~11세기로 추정되는 소량의 제의 도구와 작은 신상들이 발견됐는데, 이 유물들에서 북시리아와 아나톨리아(소아시아)의 예술과 제의 전통의 흔적을 확인할 수 있었다.[17]

라말라 지역 유적지인 라다나에서는 제의 도구로 이용됐을 것으로 보이는 손잡이가 많은 가마솥이 발견됐다. 솥의 입구 안쪽에는 물이 흐르는 관과 연결된 주둥이를 벌리고 있는 소나 송아지의 머리 형상이 일정하게 배열된 것을 볼 수 있다. 이와 비슷한 토기들이 아나톨리아의 헷 족속 지역에서 발견됐다.[18] 므낫세 지파 땅에 위치한 도탄(도단)에서도 손잡이가 많은 솥이 발견됐는데, 손잡이 중 네 개는 황소와 같은 동물의 머리 모양이며 머리가 도구의 안쪽을 향하고 있다.[19] 실로에서는 제의 토기 조각이 발굴됐는데, 토기에 말과 암사자 그리고 사슴을 사냥하는 호랑이의 형상이 음각과 부조가 결합된 형식으로 표현되어 이 도구 역시 아나톨리아의 헷 사람들의 도구들과 유사하다.[20]

초기 이스라엘인의 거주지였을 것으로 보이는 므낫세 지파 땅의 아타르 하파르에서 주전 12세기 중반으로 추정되는 제의 장소가 발견됐다.[21] 이곳에서 발견된 소 모양의 상은 이스라엘 지역에서는 발견되지 않지만 북시리아와 아나톨리아에서는 흔한 것이었다. 고고학자 예스타 알스트룀(Gösta W. Ahlström)은 이 소가 정착민들이 북쪽에서 왔음을

증언해 준다고 주장했다.[22]

벡은 제의에 사용된 이 토기들과 북시리아와 아나톨리아의 것의 유사성 때문에 가나안인이나 현지 이스라엘인도 아닌 또 다른 인종을 제안했다.[23] 그러나 이 제안은 납득하기 어렵다. 철기 시대 이스라엘의 가장 중요한 종교적 중심지였던 실로에서 발견된 유물이 가나안인이나 현지 이스라엘인이 아닌 제3의 인종 집단을 나타내고 있다는 말인가? 그렇다고 실로, 라다나, 도탄, 아이, 아타르 하파르를 초기 이스라엘인의 정착지에서 제외할 이유는 없다. 그보다는 이 현장에서 나온 유물들은 이스라엘인과 북시리아와 헷 문화 사이의 연관성을 보여준다.

이외에도 초기 이스라엘인과 북시리아와 아나톨리아 전통 사이의 연관성을 명확하게 짚어 주는 제의 분야의 증거는 많다. 다수의 학자가 성서의 법과 다양한 설화 속 제의 풍습을 비교 연구해 북시리아와 그 인접 지역의 제의적 풍습이 성서의 제의와 가장 유사한 것을 밝혀냈다.

에마르는 유프라테스강 서편 북시리아에 있는 성읍이다. 주전 12세기 초에 파괴된 이곳에서 제의와 관련된 많은 문헌이 발견됐다. 이 문헌에 따르면 그 지역에서 가장 중요하게 지킨 절기는 '조흐루'였다. 이 절기의 주요 행사는 성읍 밖 비석이 세워진 장소에서 거행됐다. 집전하는 이들은 성읍 내 신전에서 다간 신상을 포함한 신상들을 꺼내 행사 장소로 가져왔고 기름과 피를 섞어 비석들 위에 부었다. 그 후에 수레에 실은 다간 신상을 비석들 사이로 지나가게 했다.[24] 이 모든 의식은 제사장 임명식에서 머리에 기름과 피를 붓는 행위(출 29:21) 그리고 야곱이 벧엘에 세운 돌기둥 위에 기름을 부은 행위(창 28:18, 35:14)처럼 성서와 유사한 점이 많다.[25] 이 외에도 제의 업무를 맡기에 앞서 제사장들에게 기름을 붓는 모티프 또한 성서와 에마르의 제의 문서에서 동일하게 발견된다.[26]

토라(모세오경)를 비평적으로 연구하는 학문에서는 토라가 몇 가지 전승 자료로 이루어져 있다고 주장한다. 일반적으로 이 자료들은 J(야훼), E(엘로힘), D(신명기), P(제사장) 네 자료로 구분한다. 주로 제사장 자료에 기록된 성서의 제의법들은 글자 P로 표기한다. P 자료(제사장 자료)는 출애굽기 후반부, 레위기, 민수기 여러 장에 집중되어 있다. 이 자료가 기록된 시기에 대해서는 학자들 사이에 의견이 나뉜다. 하지만 지금 관심은 제사장 자료의 기록 시기가 아니다. 설령 이 자료가 학계의 일반적인 이해대로 바벨론 포로기나 제2 성전 시대 때 기록됐다고 해도, 제사 의식 속에는 훨씬 더 이전 시대에 도입된 고대 요소들이 내재되어 있다고 볼 수 있다. 물론 제사장 자료의 제의를 비교연구한 학계에서는 성서의 제의 문화와 가나안, 메소포타미아, 이집트 제사 문화 사이의 특정 유사점을 집어냈지만, 의심의 여지없이 주전 20세기 북시리아와 주변 지역들의 제사 문화와 가장 밀접하게 연관되어 있다고 봤다.

제사장 자료에 따르면, 제사 의식은 성막에서 거행됐다. 성막은 거대하지만 조립과 해체가 가능해 이곳에서 저곳으로 옮길 수 있었다. 이와 유사한 천막의 존재는 북시리아의 마리 성읍의 문서들에서 볼 수 있다.[27] 마리의 제의 풍습은 아마르의 제의 풍습과 마찬가지로 북시리아의 셈족 거주민들의 종교를 나타낸다. 아울러 성서의 제의 의식은 헷과 후르 문화의 의식들과도 많은 유사점이 있다.[28] 후르 족속은 오늘날의 아르메니아 지역에서 북시리아와 튀르키예 남동부로 남하했을 것으로 추정된다. 오늘날의 튀르키예 남동부에 있었던 키주와트나 왕국은 오랜 기간 후르인의 영향권 아래 있었지만 주전 14세기에 인도-유럽계인 헷 족속이 이곳을 점령했다.[29] 헷 족속이 키주와트나를 정복하면서 후르족의 제의 전통이 헷 왕국으로 유입됐다. 결과적으로 헷 족속의 문헌에서 드러난 제의 전통은 다른 말로 헷-후르 복

합체이다.[30]

성막에서 거행된 가장 중요한 의식은 성막을 정결하게 하고 아사셀 염소를 내보내는 대속죄일 의식이다. 데이비드 라이트(David P. Wright)에 의하면 아사셀 염소를 보내는 의식과 헷족과 후르족의 제사 의식 사이에는 공통점이 많다.[31] '아사셀'(עזאזל)이라는 단어의 기원은 후르 종교에서 찾을 수 있다. 북시리아 알랄라흐에서 발견된 후르 문서에는 '아사스훔'(עזזחום)이라는 단어가 나오는데,[32] 이는 분노 또는 신의 노여움을 뜻한다.[33] 성서의 아사셀 역시 신의 분노 또는 격노라는 뜻 (עזאל)[34]에 신적 표현을 없앤 표현(עזאזל)이라고 볼 수 있다.

토라의 제사는 독특하게도 정결과 정화의 용도로 피를 사용했다. 레위기의 법은 색점이 발견된 집을 정결하게 하기 위해 새의 피를 사용하도록 규정한다(레 14:49-53). 그런데 후르족도 집을 깨끗하게 하는 의식에 새의 피를 사용했다. 또한 제사장들과 레위인들의 직급을 나누는 부분이나[35] 대제사장의 의상에 관한 내용들도 유사하다.[36] 성서의 제의 법규를 표현하는 방식 또한 헷 족속 제의법들의 나열 형식과 놀라울 정도로 닮았다.[37] 마지막으로 솔로몬 성전과 구조가 가장 유사한 건축물이 북시리아에 있다.

어떻게 이스라엘의 제의와 북시리아의 셈족 제의 그리고 헷족과 후르족의 제의 전통 사이에 유사한 점이 생겨날 수 있었을까?

나다브 나아만이 소개했듯이, 가나안에는 이미 주전 15세기 후반부터 후르 사람들이 많이 살았다.[38] 그렇다면 이론상으로 초기 이스라엘인은 후르 족속의 후손이었다고 주장할 수 있으며, 그렇기 때문에 이스라엘의 제사가 후르의 제의 의식과 유사했다고 주장할 수 있다. 그러나 이 가설에는 몇 가지 문제점이 있다. 나아만이 강조했듯이 만약 초기 이스라엘인이 후르인 출신이었다면 이들 중에 후르식 이름이 있어야 한다. 그러나 고고학적 증거에서나 성서에서나 이스라엘인의 이름은 셈족 이름이지 후르족 이름이 아니다. 또 성서의 제의는 후르와 헷의 영향 외에도 북시리아 셈족 토착민들의 제의 전통과도 깊은 관련이 있다. 그렇다면 어떻게 성서의 제의는 후르와 헷의 영향을 받게 됐을까?

앞서 다뤘듯이, 주전 12세기 초 헷 제국이 무너졌다. 멸망의 원인은 기근과 아나톨리아 부족과의 전쟁, 어쩌면 블레셋과의 전쟁일 수도 있다.[39] 학계에서 제기한 가설에 따르면 헷 왕국의 몰락으로 인해 난민들이 예루살렘으로 오게 됐고, 그들이 바로 다윗이 점령하기에 앞서 이 도시를 장악했던 여부스인이다. 다윗에게 타작마당을 매각한 여부스인 아라우나는 후르족이나 헷족 출신이었을 것이고[40] 잘 알고 있듯이 다윗의 장수였던 우리야도 헷 사람이었다. 학자들 중에는 다윗 때 예루살렘 제사장들이 여부스 제사장들에게 후르-헷 족속의 제의 전통을 이어받았다고 주장하는 이들도 있다.[41] 다윗 때 후르-헷 출신 사람들이 예루살렘에 머물렀다고 볼 수는 있으나, 제의 분야에서의 유사점 전부를 단지 이 교류와 연관 짓기는 어렵다. 예루살렘 정복은 초기 이스라엘인이 산악 지대에 정착한 지 약 300년이 지난 주전 10세기에 이루어졌다. 몇백 년 동안 이스라엘에서도 제의 전통이 발전했을 것인데, 그들이 굳이 자신들의 전통을 버리고 여부스 성읍 거민들의 헷-후르 전통을 취할 만한 사유가 있는지는 의문이다.

헷 제국의 멸망 이후 오늘날 튀르키에 동부 지역과 시리아 북서부 지역에서 헷 전통을 고수한 작은 왕국들이 생겨났다. 학자들은 이 왕국들을 '네오-히타이트'라고 부른다. 그러나 이스라엘인과 이 왕국들 사이에 문화 교류의 흔적이 남아 있지 않다. 따라서 성서의 제의와 헷-후르의 제의 사이의 유사성이 이스라엘인과 네오히타이트 주민들의 교류와 관련이 있다고 말하기는 어렵다.

성서의 제의와 셈족, 후르족, 헷족을 포함한 북시리아 제의들의 유사성에 대한 가장 설득력 있는 설명은 주전 16～13세기의 국가적·문화적 상황 속에서 찾을 수 있다.

하란이 위치한 북시리아 지역은 수백 년간 미탄니 왕국, 나하린 왕국 또는 하니그라바트 왕국 등 여러 명칭으로 불린 왕국의 일부였다. 이 왕국은 튀르키예의 동쪽에서 이라크의 북쪽까지 뻗어 있었으며 주전 16세기에 세워졌다. 미탄니 왕국은 다양한 종족으로 이뤄져 있었는데, 원주민은 셈족이며 주전 16세기 중반부터 후르족이 합류했다. 주전 14세기 중반에 헷 사람들이 하란 지역을 쳐서 수십 년간 지배하면서 하란에는 현지 셈족 문화와 더불어 후르 문화, 헷 문화가 공존했다. 초기 이스라엘인들이 이주하기 직전 하란의 상황은 이스라엘의 제의와 북시리아의 셈족 제의 그리고 후르족과 헷족의 제의 사이의 유사성을 잘 해석해 줄 수 있다.

다수의 초기 이스라엘인이 북시리아에서 왔다는 추정을 뒷받침해 주는 증거로, 이스라엘인의 언어인 히브리어를 들 수 있다. 히브리어와 아람어는 모두 셈어족에 속하는데, 다른 셈어들과는 달리 '베게드 케페트' 문자(ב, ג, ד, כ, פ, ת)는 강조음 또는 이완음 두 가지 방식으로 발음할 수 있다. 히브리어와 아람어에서 이 알파벳들의 발음법은 셈어가 아닌 후르어와 유사하다. 어족이 다른데도 유사성을 보이는 배경은 무엇일까? 나는 성서학자 에프라임 스파이저(Ephraim A. Speiser)의 의견에 동의하는데, 그는 미탄니 왕국에 거주한 후르인과 하란에 거주한 이스라엘인의 조상들 사이의 연관성을 히브리어와 후르어의 연관성으로 봤다.[42]

초기 이스라엘인의 정착지에서 발견된 제의 유물들과 성서의 제의 그리고 히브리 언어 연구를 통해 다수의 초기 이스라엘인은 북시리아 하란 지역에서 왔다는 가설에 도달한다. 이는 주장들이 하란에서 왔다는 성서 전승의 토대에 신빙성이 있음을 밝혀 준다.

초기 이스라엘인의 정착지 확장 방향은 그들이 하란에서 서쪽으로 이동해 가나안으로 왔음을 보여 준다. 이 점은 가족과 가축을 이끌고 나온 야곱의 여정 경로와도 들어맞는다. 그는 하란에서 남쪽으로 향해 요단강 동편 길르앗 지역에 도착했고 그곳에서 중앙 산악 지역인 서쪽 세겜으로 방향을 틀었다(창 31:17, 33:18). 야곱의 여정은 초기 이스라엘인들이 북시리아에서 요단 동편을 따라 중앙 산악 지역까지 이동한 여정을 보여 준다.

성서에 따르면, 야곱은 장인 라반이 두려워 하란에서 도망갔다(창 31:2-5). 하지만 과연 초기 이스라엘인이 하란에서 가나안으로 이주한 역사적 사실을 증명할 수 있을까?

먼저 야곱에 대한 성서의 자료를 살펴보자. 하나님께서는 신명기에서 이스라엘 백성에게 첫 열매를 성소로 가져와서 제사장에게 주라고 명령하신다. 이를 드릴 때 민족의 기원을 요약한 내용을 읊게 하셨는데 그 내용은 "내 조상은 방랑하는 아람 사람"(26:5)으로 시작한다. 이 말을 단순하게 해석하면 이스라엘의 조상인 야곱이 '방랑하는 아람 사람'이라는 말이다. 그런데 여기서 사용된 '방랑'(אבד)은 무슨 뜻일까? 성서에서 여러 의미로 사용되는데, 몇몇 본문에는 군사적 강제에 의해 포로, 난민, 유배의 형태로 이주된다는 의미로 쓰인다. 민수기에는 아모리 왕 시혼에게 정복당한 모압에 대해 다음과 같이 기록되어 있다.

> 모압아 네가 화를 당하였도다 그모스의 백성아 네가 멸망하였도다 그가 그의 아들들을 도망하게 하였고 그의 딸들을 아모리인의 왕 시혼의 포로가 되게 하였도다(민 21:29. 렘 48:46 참조).

이사야는 이스라엘 왕국이 멸망한 뒤 앗수르로 잡혀간 이스라엘 백성을 "앗수르 땅에서 멸망하는 자들"(אבדים)로 묘사한다(사 27:13). 같은 맥락에서 "방랑하는 아람 사람"이라는 표현을 통해 야곱으로 대표되는 초기 이스라엘인들이 전쟁 난민 신분으로 갈대아 우르 하란에서 가나안으로 왔다고 추측해 볼 수 있다.

주전 13세기 초 앗수르가 미탄니를 침공해 속국으로 만들고 이 지역 왕에게 막대한 조공을 바치게 했다. 하지만 주전 1268년경 미탄니는 헷 족속을 등에 업고 반기를 들었고, 앗수르 왕 살만에셀 1세는 미탄니를 정벌하러 원정에 나섰다. 그는 헷족 군대와 후르족 주민들과 현지 셈족 부족인 아흘라무인들로 구성된 연합군을 상대로 전쟁했다. 앗수르의 비문에는 그가 헷 족속과 아흘라무인들을 양을 도살하듯이 죽였다고 칭송하는 기록이 있고, 성읍 180개를 폐허로 만들어 버렸으며 다른 성읍들은 불태웠다고 기록되어 있다. 또한 1,440명의 눈을 멀게 하고(아마도 치욕의 상징으로 오른쪽 눈만 멀게 했을 것이다.[43] 삼상 11:2 참조) 강제로 이주시켰다.[44] 앗수르인들은 점령한 지역에 관리들을 세워 난민에게 보리를 배분해 주었는데, 하란과 나홀 성읍에서도 이런 일이 있었음이 기록으로 남아 있다.[45] 프랑스 학자 앙드레 르메르(André Lemaire)는 초기 이스라엘인들이 하란에서 가나안으로 이주한 것이 악랄했던 앗수르의 침략으로 그들의 거주지가 파괴된 것과 관련이 있다고 추측한다.[46]

하란에서 가나안으로 들어온 초기 이스라엘인들이 앗수르군에게 패한 전쟁 난민이었다는 사실은 야곱이 '방랑하는 아람 사람'이었다는 표현 속에 암시되어 있다. 비록 창세기는 이 사실을 언급하지 않지만, 이번 장의 초반부에서 봤듯이 성경 이야기는 이런 종류의 아픈 사건들을 왜곡하거나 은폐한다.

현재 단계에서 고대 이스라엘 '유전자 코드'의 요소들을 미리 소개해 볼 수 있겠다. 이스라엘 민족은 세 집단이 모여 형성됐을 것이다. 수적으로 가장 큰 집단은 하란 출신 전쟁 피난민이다. 그들은 북시리아에서 남쪽으로 방랑했고, 시리아 사막을 지나 요단강 동편 길르앗 산지에 도착했다. 거기로부터 서쪽으로 요단을 건너 중앙 산지의 동쪽 산비탈에 정착하기도 했다. 그 후로 그들은 서쪽으로 전진했고 므낫세, 에브라임과 베냐민 산지의 안쪽 지역에 자리잡았다. 당시에는 산악 지역에 정착하는 경우가 드물었기에 하란의 난민이 현지인들과 별다른 마찰 없이 안착할 수 있었다. 이 정착 과정은 주전 13세기 후반부터 진행됐다. 방랑기는 대략 30년 동안 지속됐다(주전 1265-1235년). 난민들은 목축업이 생업이었으나, 가나안 산지에 정착하면서 생업을 점차 농업으로 바꿨다. 하란에서 가나안으로의 여정을 담은 아브라함과 야곱의 이야기는 사실 하란의 전쟁 난민의 여정을 그리고 있다.

하란 난민이 정착한 지역들에는 드물지만 사람이 전혀 없지는 않았다. 이 지역에 거주하던 일부 가나안 정착민은 하란 이주민과 혼합됐다. 이들이 바로 고대 이스라엘의 두 번째 구성원이다. 그들은 힉소스 시대 이집트 가나안인의 경험을 요셉 전승에 담아 고대 이스라엘의 기억으로 공유했다.

세 번째 구성원은 주전 1170년경 파라오 메르넵타 때 이집트를 빠져나와 이스라엘 땅으로 이주한 히브리인들이다. 레위인이라 불린 그들은 이방 출신으로 어쩌면 하비루 신분이었기에 농사지을 땅을 분배 받지 못했다. 아울러 그들은 독특한 제의 전통을 가져왔고 신흥 이스라엘 사회에서 제의를 담당하게 됐다. 모세와 아론이 이 그룹을 상징하는 인물이었으며 이집트에서 탈출하는 이야기 또한 이들의 전승에서 왔다.

세 집단은 이주하면서 각자 다른 기억과 추앙하는 인물을 함께 가지고 들어왔다. 이스라엘의 용광로에서 각 집단의 전승은 민족 전체의 통일된 가족 이야기로 녹여져야 했다. 그렇게 아브라함과 야곱은 하란 이민자 그룹의 조상에서 민족 전체의 조상이 됐다. 힉소스 시대 이집트에 거주하던 가나안인의 기억은 요셉의 이야기로, 출애굽 이야기는 모세와 아론의 통솔하에 모든 이스라엘 민족이 이집트를 탈출한 이야기로 각색됐다. 그리고 가나안과 이집트의 기억을 모두 공유할 수 있는 요셉 이야기는 족장 전승과 출애굽의 전승을 잇는 가교와도 같다.[47]

이 '이스라엘 민족'의 고대 역사 이야기는 초기 이스라엘인 집단을 형성한 세 민족 그룹들의 전승이 엮여 새 이스라엘 민족 설화가 됐다.[48]

이렇게 엮인 이야기의 간략한 버전은 첫 소산물에 관한 신명기 규정에서 찾아볼 수 있다.

> 네 하나님 여호와께서 네게 기업으로 주어 차지하게 하실 땅에 네가 들어가서 거기에 거주할 때에 …… 그 토지의 모든 소산의 맏물을 거둔 후에 그것을 가져다가 광주리에 담고 네 하나님 여호와께서 그의 이름을 두시려고 택하신 곳으로 그것을 가지고 가서 …… 너는 또 네 하나님 여호와 앞에 아뢰기를 내 조상은 방랑하는 아람 사람으로서 애굽에 내려가 거기에서 소수로 거류하였더니 거기에서 크고 강하고 번성한 민족이 되었는데 애굽 사람이 우리를 학대하며 우리를 괴롭히며 우리에게 중노동을 시키므로 …… 우리를 애굽에서 인도하여 내시고 이곳으로 인도하사 이 땅 곧 젖과 꿀이 흐르는 땅을 주셨나이다(신 26:1-9).

땅의 첫 소산을 가져오는 내용은 이스라엘을 형성한 하란 난민들, 가나안 사람들, 레위 히브리인 세 집단의 집합적 경험으로 이뤄진다. "방랑하는 아람 사람"이라는 표현은 하란에서 온 난민의 경험을 나타낸다. "애굽에 내려가 거기에서 소수로 거류하였더니"라는 구절은 주전 14세기에 레위인의 조상인 히브리인 소수 집단이 이집트로 내려갔음을 나타낸다. 이에 반해 "거기에서 크고 강하고 번성한 민족이 되었는데"라는 묘사는 힉소스 시대 이집트에 가나안 사람이 많이 살았음을 보여 준다. "애굽 사람이 우리를 학대하며 우리를 괴롭히며 우리에게 중노동을 시키므로"라는 기록은 힉소스 통치 직전에 이집트로 온 가나안인과 레위인의 조상인 히브리인 모두의 공통된 이집트 노역 경험을 보여 준다.

가나안에 새롭게 생겨난 이스라엘이라는 민족의 이야기 조각들은 한 데 모여 제의 때 낭독될 수 있을 정도로 견고한 민족 공통의 토대가 됐다. 혼합된 이야기는 민족의 조상들을 '가공된 가족'으로 만들어 냈고, 가나안인 요셉과 이집트 히브리인 모세는 하란에서 가나안으로 들어온 아브라함의 후손에 편입됐다.

이스라엘 민족의 역사 이야기는 고대 이스라엘을 구성한 다양한 집단의 여러 전승이 혼합된 산물이다. 마찬가지로 이스라엘의 종교와 제의 또한 여러 전통이 혼합되어 형성됐다. 앞서 봤듯이 북시리아의 제의 전통은 이스라엘의 제의 정립에 지대한 영향을 끼쳤다. 이 점은 다수의 이스라엘인이 이 지역에서 왔다는 사실과 관련 있다. 그러나 주로 이스라엘의 제의를 담당한 레위 히브리인들은 북시리아가 아닌 이집트에서 왔다. 레위인들이 이집트 시내에서 가져온 종교적 전통은 이스라엘 종교 형성에 가장 중요한 영향을 끼쳤다.

다음 장에서는 현지 집단, 즉 가나안 토착 집단이 고대 이스라엘 종교 형성에 끼친 기여와 영향을 살펴볼 것이다.

מאין באנו

5장
어떻게 이스라엘이라 불리게 됐을까

앞서 다뤘지만 아브라함, 야곱 같은 족장들의 전승은 주전 13세기 후반부터 중앙 산지에 정착한 하란 출신 전쟁 난민의 존재를 투영한다. 족장들의 신앙의 중심에는 '엘'(אל)이라고 불린 신적 존재가 있는데 때로는 '엘 샤다이'(אל-שדי), '엘 엘리온'(אל-עליון, 창 14:22), '엘 올람'(אל עולם, 창 21:33), '엘 엘로헤이 이스라엘'(אל אלהי ישראל, 창 33:20), '엘 벧엘'(אל בית-אל, 창 31:13, 35:7) 같은 조합으로도 사용된다. 출애굽기 6:3은 "내가 아브라함과 이삭과 야곱에게 전능의 하나님으로 나타났으나 나의 이름을 여호와로는 그들에게 알리지 아니하였고"라고 종합적으로 기록한다. 하나님께서는 족장들에게 '엘 샤다이'(전능하신 하나님)이라는 이름으로 나타나셨다(창 17:1, 35:11, 48:3). 하란에서 와서 가나안 땅에 정착한 초기 이스라엘인의 신앙의 중심에는 '엘'이라는 신의 존재가 있었다.

엘은 가나안의 다신교 문화에서도 익숙한 명칭이었다. 가나안의 엘은 신들의 아버지이며 땅을 지은 신이었다. 그런데 성서는 엘을 야훼 하나님과 동일시하고 이스라엘의 하나님의 정식 명칭으로 봤다. 성서에 따르면 아브라함의 가족은 갈대아 우르 하란에서 다른 신들을 섬겼다. 여호수아는 이스라엘 백성에게 다음과 같이 말했다.

> 옛적에 너희의 조상들 곧 아브라함의 아버지, 나홀의 아버지 데라가 강 저쪽에 거주하여 다른 신들을 섬겼으나(수 24:2).

엘이라는 신적 존재는 족장 시대에 하란에서 섬기던 신이 아니었다. 하란 인근 에마르에서 진행된 고고학 발굴을 통해 주전 13세기 당시 하란에서는 엘을 위한 제사가 없었음이 드러났다.[1] 이 지역에서는 작물을 자라게 하는 신인 다간을 신들의 아버지로 여겼다. 그래서 고대 메소포타미아 자료에는 하란 지역을 '다간의 땅'이라고 불렀다.[2] 반면 가나안에서는 다간의 제사를 찾아볼 수 없다. 하란은 고대 시대부터 달신 제사의 중심지로 알려져 있었다.[3] 초하룻날의 달이 황소 뿔과 닮아 흔히 달신을 황소 또는 뿔이 있는 소와 동일시했다.[4] 수메르 신화에서 달신은 공기와 바람의 신인 엔릴의 아들로 나오며 '엔릴의 송아지'라고 묘사된다.[5]

하란 난민은 가나안으로 이주해 현지 가나안 집단과 함께 살았다. 북시리아의 이민자들은 그들이 고향에서 숭배하던 최고신인 다간을 가나안인은 알지도 못하고 숭배하지도 않음을 발견했다. 그들은 이런 상황을 어떻게 대처했을까? 힉소스 시대 때 이집트로 이주한 가나안인이 폭풍우를 관장하는 자신들의 최고신인 바알과 이집트의 세트를 동일시한 것처럼(3장 참고), 하란의 난민들 역시 하란 신들의 아버지인 다간을 가나안 신들의 아버지인 엘과 동일시했다. 이와 더불어 가나안의 엘은 권위와 힘을 상징하는 황소와 동일시되어 '황소 엘'이라고 불렸는데,[6] 하란의 달신도 엘로 대체됐다.

하란 난민이 가나안의 엘을 최고신으로 받아들인 종교적 변화는 이후 이들의 명칭이 된 '이스라엘'이라는 이름에 반영됐다. 이 이름에 대한 성서의 해석은 야곱이 하나님의 천사와 씨름하는 전승에 기반한다. "이는 네가 하나님과 및 사람들과 겨루어 이겼음이니라"(창 32:28, 호 12:4-5 참조). 그러나 성서 히브리어 학자인 심하 코구트(Simcha Kogut)는 이스라엘 이름의 기원을 이러한 전승에서 찾는 것은 언어 구조나 신학적 문제가 있다고 말한다.[7] 대체적으로 엘로 끝나는 이름들은 '엘'이 주어가 되고 그 앞에 동사가 나오는 형태이다. 예를 들어 '이스마엘'의 뜻은 '이쉬마 하엘'(하나님께서 들으셨다), '여라프엘'의 뜻은 '예라헴 하엘'(하나님께서 긍휼히 여기셨다), '에스겔'의 뜻은 '예하제크 하엘'(하나님께서 강하게 하셨다)이 된다. 그런데 이에 반해 '이스라엘'의 성서적 해석을 따르면 '엘'이 주어가 아닌 목적어가 된다. 게다가 기존 해석을 따르면 신과 인간의 대결에서 신의 패배를 기리는 이름이 되기 때문에 신학적인 문제도 발생한다.

그러므로 이스라엘 명칭의 본래 의미는 대결이 아니라 통치권과 관련이 있다고 봐야 한다.[8] 사사기는 이스라엘을 다스린 아비멜렉을 다음과 같이 묘사한다. "아비멜렉이 이스라엘을 다스린 지 삼 년에"(삿 9:22). 이 본문에서 통치, 지배를 뜻하는 동사 '싸라르'(שרר)는 통치자, 지도자라는 뜻의 명사 '싸르'(שר)로부터 파생됐다. 이 동사는 미래 복수형인 'ישורו'으로도 쓰인다(사 32:1, 잠 8:15-16, 호 8:4).[9]

이 기록들을 통해 이스라엘의 이름이 이스마엘, 여라므엘, 에스겔과 구조가 닮았음을 알 수 있다. 이 이름들처럼 이스라엘도 엘이 주어가 되며, 앞에 나오는 동사는 목적어가 된다고 볼 수 있다. 따라서 이스라엘 명칭의 본래 뜻은 '야쑤르-엘'(ישור-אל), 즉 엘이 고관, 왕, 통치자가 된다는 뜻이다. 그렇다면 이스라엘 이름의 의미는 "여호와께서 영원무궁하도록 다스리시도다"(출 15:18)라는 구절과 일치한다. 동사 '야쑤르'(ישור)는 '이믈로흐'(ימלוך, 다스리다)의 의미로 사용됐는데, 이는 '싸르'(שר) 단어를 신들의 왕권을 표현할 때 사용한 후르어의 전통과 맞아떨어진다.[10] 하란은 미탄니 왕국의 지역이라 후르인이 흔히 존재했다. 이로써 왜 하란 난민이 엘의 왕권을 표현하기 위해 '야쑤르'라는 동사를 선택했는지 설명할 수 있다.

하란 난민이 가나안에 정착한 후 채택한 이스라엘이라는 명칭은 그들이 거쳐 온 종교적 변화를 보여 준다. 그들이 떠나온 북시리아 지역에서는 다간이 신들의 아버지이자 왕이었다. 하지만 가나안에 들어와 현지 주민과 접촉하면서 다간의 통치권을 가나안 신들의 아버지인 엘에게 넘겨 버렸다. '야쑤르 엘'이라고 부르는 것은 엘의 주권과 왕권을 받아들이는 제의적 선포다. 이제 우리는 야곱이 하란에서 와서 세겜에 제단을 쌓은 후 부른 이름을 보다 깊이 이해할 수 있다.

> 거기에 제단을 쌓고 그 이름을 엘엘로헤이스라엘이라 불렀더라(창 33:20).

이렇게 가나안의 엘은 '엘엘로헤이스라엘'(이스라엘의 하나님 엘)이 됐다.

מאין באנו

6장
어떻게 야훼가 엘로헤이스라엘이 됐을까

많은 성서학자는 사사기 5장에 나오는 드보라의 노래를 가장 오래된 고대 문학 작품 중 하나로 본다. 이 노래는 초기 이스라엘인이 가나안에 정착하던 시기에 그 땅의 원주민과 전쟁한 것을 묘사한다. 노래의 저자는 메로스 주민이 전쟁에 참여하지 않은 사실(삿 5:23)처럼 전쟁과 관련된 사소한 부분들까지 자세히 서술했다. 이 점에서 이 노래는 묘사된 사건과 가까운 시기에 지어졌다고 볼 수 있다. 이 노래에 언급된 스타일과 원시 요소들에[1] 미루어 봐 학자들은 대체로 이 노래가 주전 12세기 또는 주전 11세기에 지어진 것으로 추정한다.[2] 드보라의 노래는 하나님의 등장을 묘사하는 것으로 시작한다.

> 여호와여 주께서 세일에서부터 나오시고 에돔 들에서부터 진행하실 때에 땅이 진동하고 하늘이 물을 내리고 구름도 물을 내렸나이다 산들이 여호와 앞에서 진동하니 저 시내산도 이스라엘의 하나님 여호와 앞에서 진동하였도다 (삿 5:4-5).

남쪽 영토인 시내, 세일, 에돔 들에서 등장하는 야훼의 묘사는 또 다른 성서의 유사한 노래들을 떠오르게 한다.

> 여호와께서 시내산에서 오시고 세일산에서 일어나시고 바란산에서 비추시고(신 33:2).

> 하나님이 데만에서부터 오시며 거룩한 자가 바란산에서부터 오시는도다(합 3:3).

왜 하나님께서는 하필 이스라엘 남쪽 지역에서 오실까?

성서학자들은 이집트의 신전들에서 발견된 지리와 관련한 기록들을 근거로 이스라엘 남부가 야훼 숭배의 근원지라는 가설을 내놓았다. 이 기록들은 주전 14~12세기 미디안 지역 일대에 관한 기록인데, 그 중에는 '샤쑤의 땅, 여호와'(ארץ השסו, יהו)라는 지역이 등장한다.[3] '샤쑤'(שסו)는 이집트인이 가나안 남쪽 사막에 거주했던 유목 부족들을 일컫는 명칭이다. 학계에서는 이 뜻을 '도둑질하다', '강탈하다'라는 의미의 셈어 동사 '샤싸'(שסה)와 관련되거나, '이동하다', '떠돌다'라는 의미의 이집트 단어와 관련될 수 있다고 설명한다.[4]

이집트어에서는 자음만 표기하기 때문에 יהו-ה의 ו는 모음이 아닌 자음이며 그 뒤에 다른 모음이 있었다고 본다.[5] 따라서 יהו-ה라는 단어는 성서의 하나님의 이름인 야훼(י-ה-ו-ה)와 동일하다. 아마도 'יהו-ה'는 남쪽 지역 유목 부족들이 숭배한 주요 신으로 보이며, 이에 이집트인이 그 지역을 '샤쑤의 땅, 여호와'라고 부른 것이다. 그렇다면 어떻게 야훼가 이스라엘의 하나님이 된 것일까?

우리는 앞서 이민자들이 고향에서 모시던 신을 유사한 특성을 지닌 이주 지역의 신으로 대신하는 경우들을 살펴봤다(다단이 엘과 동일시됐고, 바알이 세트와 동일시됐다). 그런데 지금까지 살펴본 바로는 야훼는 하란 지역에서도 가나안 땅에서도 알려지지 않았다. 그는 가나안 남쪽 사막 지역 사람들이 섬기던 신이었다. 그러면 어떻게 야훼는 가나안 땅으로 들어와 이스라엘의 하나님이 됐을까?

레위 히브리인들은 이집트에서 가나안으로 오는 동안 미디안을 지났을 것으로 보인다. 모세와 미디안 여인 십보라의 결혼과 미디안에서 태어난 그의 아이들에 관한 성서의 이야기는 이집트를 나와 가나안으로 향하던 히브리인 그룹과 미디안인 사이에 혼인이 이루어졌다고 유추해 볼 수 있게 한다. 고고학 유물에 따르면 주전 13~12세기 때 미디안 문명이 속한 아라비아 반도 북부와 아라바 지역에 물질 문화가 번영했다. 이 문화와 관련된 특별한 도자기로 아라비아 반도 북서부에 위치한 알 쿠라야에서 생산된 '미디안 세라믹' 또는 '알 쿠라야 세라믹'이 있다.[6] 따라서 히브리인들이 가나안으로 가는 동안 샤쑤 땅에서 알게 된 미디안 신인 'יה' 또는 'יהה'를 도입했을 것으로 보인다.[7]

에일랏 북쪽 팀나에서 발견된 고고학 유물은 미디안인에게 신을 상으로 만들거나 묘사하는 것이 금지되어 있었음을 알려 준다. 이 지역에는 이집트가 관리하던 구리 광산이 있었고 이집트 광산의 여신인 하토르 신전이 있었다. 주전 12세기 후반 이집트의 세력이 약해질 무렵, 미디안인은 팀나 지역을 차지했다. 그들은 이곳에 제의용 장막을 치고 돌비석 다섯 개를 세웠다. 비석 중 몇 개는 이집트 신전에서 사용된 것으로 하토르 여신의 얼굴이 새겨져 있다. 미디안인은 여신의 얼굴을 긁어내거나 지운 뒤 어떤 형상도 새기지 않은 비석들과 함께 제의에 사용했다.[8] 히브리인은 미디안인에게 야훼 신앙과 함께 상(像) 금지 전승도 받았을 것으로 보인다.

> 너를 위하여 새긴 우상을 만들지 말고 또 위로 하늘에 있는 것이나 아래로 땅에 있는 것이나 땅 아래 물 속에 있는 것의 어떤 형상도 만들지 말며(출 20:4).

레위 히브리인들은 가나안에 정착해 이미 수십 년째 산지에 살고 있던 초기 이스라엘인들에게로 흡수됐다. 그들은 출신이 다르고 새로 유입됐다는 이유로 땅을 분배받지 못했기에 제사를 담당하는 성직자가 됐다. 이윽고 그들은 제의 분야에서 막강한 힘을 발휘하게 됐다. 그들은 자신의 여정에서 만난 야훼와 그들이 도착한 현지 이스라엘 사회에 널리 퍼져 있던 엘을 융합해 성서 신앙의 초석을 세웠다.

미디안 전통 중 레위인이 가지고 들어온 또 다른 특징은 야훼를 시각적으로 표현하지 못하게 한 것이다.[9] 사람의 형상으로 조각된 가나안 신들과 달리, 이스라엘인은 야훼를 특정한 형상으로 나타내기를 삼갔다. 이런 금기가 정착기 때부터 이어져 온 것이 고고학 자료를 통해 확인됐기에 일부 학자들의 주장처럼 후기 왕정 시대 메소포타미아 문화의 영향이라고 보기는 어렵다. 이스라엘의 독특한 야훼 신앙을 레위 히브리인들이 가지고 들어온 종교적 전통의 영향이라고밖에는 달리 설명할 길이 없다.[10]

מאין באנו

7장
모세와 아크나톤

드보라의 노래에는 야훼에 대한 묘사와 함께 우가리트 문헌에서 찾아볼 수 있는 가나안 종교와 문학의 흔적들도 있다. 우가리트는 주전 18~13세기 시리아 해안에 존재했던 도시 왕국으로, 성서와 언어·문학적으로 형태가 비슷한 문헌들이 발견됐다.

드보라의 노래에는 하늘의 별과 기손강이 야빈의 군대장관 시스라에 맞서는 내용이 있다.

> 별들이 하늘에서부터 싸우되 그들이 다니는 길에서 시스라와 싸웠도다 기손강은 그 무리를 표류시켰으니 이 기손강은 옛 강이라(삿 5:20-21).

얼핏 보면 하늘의 별들과 기손강이 시스라와 무슨 연관이 있는지 알기 어렵다. 학자들은 이 부분을 우가리트 문헌에 견주어야 이해할 수 있다고 말한다. 그들의 문헌에 따르면 빗물은 별들이 액체를 붓는 의식이다.[1] 즉 별들이 비를 내려 범람한 기손강이 시스라의 군대를 쓸어버린 것이다. 이와 함께 성서의 다른 본문에서는 별들을 '하늘의 군대'로 이해했다(신 4:19, 사 40:26 참조). 이 본문에서 드보라는 하나님의 군대인 별들이 시스라와의 전쟁에서 자신을 지원해 주었다고 노래한다.

정리하면 남쪽 사막 유목민의 종교적 전통과 가나안 전통이 성서의 고대 문학으로 볼 수 있는 드보라의 노래에 영향을 끼쳤다.

드보라의 노래는 구약성서 전체를 조망할 수 있는 토대가 된다. 가나안의 토착 문화가 초기 이스라엘의 성서와 종교 형성에 영향을 미친 것은 사실이지만, 그들의 종교 전체를 설명해 주지는 못한다. 엘은 가나안의 산물로 볼 수 있지만 성서의 하나님은 그렇게 볼 수 없다. 가나안 세계에서는 야훼라는 명칭을 찾아볼 수 없기 때문이다. 앞서 말했듯이 이 이름의 기원은 이스라엘 남쪽 사막 지대의 미디안 유목 부족으로 보인다.

앞서 살펴봤지만 성서의 상 또는 형상 제작 금지 개념은 미디안 문화와 유사하지만 오직 남쪽 유목민의 영향으로 이해하려는 시도는 충분하지 못하다. 성서의 요소들에는 가나안이나 남쪽 유목 부족에게서 찾아볼 수 없는 하나님에 대한 독특한 사상이 투영되어 있기 때문이다. 이 사상은 성서의 하나님 야훼의 독특한 존재와 관련이 있다.

일반적으로 고대 근동의 종교는 대표 신을 만신전의 가장 높은 자리에서 모든 신을 거느린 아버지로 그리고 나머지는 배우자 또는 자녀로 묘사한다. 예를 들어 엘은 가나안 종교라는 만신전의 머리였다. 신들의 아버지인 엘과 그의 배우자 아세라의 자녀 70명은 가나안 만신전의 신들이었다. 이와 달리 드보라의 노래에서는 야훼의 다른 가족 관계가 나오지 않는다. 시스라와의 전쟁에서 야훼가 하늘의 군대인 별들의 도움을 받지만, 이 노래는 별들을 독립적 신들로 묘사하지는 않는다. 반대로 가나안 문학에서는 별들이 독립된 신적 존재들로 인식됐다.[2]

성서의 신에게는 부모가 없으며 자녀가 태어났다는 이야기도 없다. 배우자도 없었기에 자녀를 낳기는커녕 성관계도 하지 않았다. 전반적으로 성서는 출산, 성, 짝짓기, 탄생과 죽음 같은 생물학적 순리와는 거리가 멀다. 이런 경향은 생리적 욕구와 자연의 법칙을 초월한 신의 위대함을 나타내기 위함으로 보인다.

강조해서 말하지만 나는 이를 '모노테이즘'(유일신 사상)과 연관 짓고 싶지 않다. 성서에는 야훼와 함께 다른 신들의 존재를 분명하게 언급하는 본문들이 있기 때문이다. 그러나 성서 문학은 이미 시작부터 신들의 가족을 해체하고 생리적, 성적 욕구를 초월한 야훼를 추앙하는 경향을 보인다.

고대 근동에서 성, 가족, 생리적 욕구가 배제된 일신교 제의 사상은 이집트 파라오 아크나톤의 종교에서 유일하게 발견된다.

주전 14세기 중반 이집트를 통치한 아크나톤은 초기에는 아멘호텝 4세로 불렸다. 그는 왕좌에 오른 뒤 얼마 지나지 않아 이집트의 보편적인 종교를 버리고 아톤이라는 하나의 신을 중심으로 종교 체계를 개편했다. 아톤은 태양이 발하는 빛 또는 햇살을 의미한다.[3] 이 종교 개혁을 계기로 왕은 자신의 이름을 바꿨다. 그는 아몬 신에서 가져온 아멘호텝이라는 이름에 싫증을 느낀 나머지 자기 이름을 '아크나톤'으로 바꿨다. 아크나톤은 '아톤 신에게 유익이 되는 자'라는 뜻이다. 그는 아몬 신을 비롯한 다른 신들과 제의 전쟁을 시작했다. 신전들을 파괴하고 신상들을 산산조각으로 깨뜨렸으며 다른 신들의 이름을 왕실 문헌에서 삭제했다. 아크나톤은 신의 복수 형태인 '엘림'(אלהים)도 새로운 일신교 신앙과 대척된다는 이유로 문헌에서 삭제했다.

기존 종교 중심지들과 단절하기 위해서 아크나톤은 '아케타텐'이라는 새로운 궁전 도시를 건설했다. '아톤의 지평선'이란 의미의 도시에 그는 많은 신전을 세웠다. 하지만 이 종교 개혁의 수명은 짧았다. 아크나톤은 17년간 다스렸는데, 그가 죽은 후 후계자인 '투트-아낙-아톤'(Tutankhaton, 투탕카멘)은 아몬 신 중심의 이집트 고대 종교를 다시 받아들였고 자신의 이름을 '투트-아낙-아몬'(Tutankhamon)으로 바꿨다. 투트는 아크나톤이 세운 도시를 버리고 기존 중심지로 돌아갔다. 이후 세대 왕들과 서기관들은 이단자 아크나톤 왕의 이름과 그에 관한 기록을 공식 문서들에서 빼 버렸다. 아크나톤이 우리에게 다시 돌아오게 된 지는 불과 150년 전 오늘날의 텔 엘-아마르나 지역에서 그가 건설한 도시의 폐허가 발굴되면서부터다. 그래서 학계에서는 아크나톤의 시대를 소위 '아마르나 시대'라고 말한다.

아크나톤의 종교는 여러 면에서 성서의 종교와 유사하다. 성서가 야훼 외에 다른 신을 섬기는 것을 금하는 것처럼, 아크나톤 또한 아톤 외에 다른 신을 숭배하는 것을 금했다. 신을 표현하는 것에는 아크나톤이 성서보다는 덜 엄격했다. 그는 태양의 광선이 손을 비추는 그림으로 아톤의 모습을 묘사했다. 그러나 성서와 동일하게 아크나톤도 신을 사람이나 짐승의 형상 또는 입체적으로 표현하는 것을 금지했다. 그래서 그 당시 미술은 아톤 신을 그림으로만 표현했다.

성서의 하나님에게 가족이 없듯이, 아크나톤도 만신전을 제거했다. 야훼와 마찬가지로 아톤도 출생, 성욕, 짝짓기, 탄생과 죽음 같은 생리 활동과 거리가 멀었다. 심지어 아톤은 인간적인 속성과도 분리되어 있다. 인간에게 감정과 언어 능력이 있다면, 아톤에게는 어떤 식의 감정이나 언어 활동도 찾아볼 수 없다. 아톤 신 역시 무에서 생겨났으며 어떤 자연 규칙에도 얽매이지 않는다.

성서 종교의 확립과 아크나톤 종교의 영향

지금까지 살펴본 대로 초기 이스라엘 집단 중 하나는 주전 1208년경 메르넵타 시대에 이집트를 탈출한 하비루 신분의 레위 히브리인들이었다. 토라에는 이집트에 거류했던 레위인 네 세대에 대해 기록되어 있다. 신명기에 따르면 한 세대는 40년을 기준으로 한다. 이대로라면 초기 히브리인이 이집트에 들어온 시기는 주전 1370년경인데, 아크나톤의 종교개혁이 얼마 남지 않은 시점이다. 아크나톤의 개혁이 고대 이집트의 종교·문화 체제와는 반대로 시행됐기에, 기존 체제에 속하지 않았던 사람들이 높은 직위에 임명됐다.

하비루 집단은 일종의 반체제 성격의 집단이었기에 체제화된 이집트인들보다 새로운 종교를 받아들이기가 훨씬 더 수월했다. 이미 다뤘듯이 이집트식 이름을 사용하는 레위인이 있다는 것은 그들이 이집트 문화에 동화됐음을 보여 준다. 따라서 아크나톤의 개혁적인 종교 사상이 그들에게 받아들여졌을 것이다.

이와 관련해 모세에 대한 전승들을 살펴봐야 한다. 성서에 소개된 모세의 젊은 시절 이야기에는 전설적인 요소가 부각된다. 다수의 학자가 지적했듯이 모세의 출생과 바구니에 담겨 나일강에 떠내려 보내진 이야기는 메소포타미아 왕인 아카드의 사르곤과 페르시아의 고레스 같은 위대한 인물들의 탄생 전승을 떠올리게 한다.[4] 또한 이집트인이 히브리인의 남자아이들을 죽이고자 했던 전승은 이집트 종살이를 다룬 성서의 다른 본문에는 나오지 않는다. 그러다 보니 모세의 출생 이야기를 역사적 자료로 인정하기 어렵다고 하더라도, 이집트 문명과 교육의 수혜자였다는 이야기에는 신빙성 있는 전승이 담겨 있을 수 있다. 역사적 근거가 있지 않고서는 성서의 저자들이 이방 문화와 관련된 인물을 종교 지도자로 만들어 냈다고 보기는 어렵다.[5]

모세는 이집트식 이름이다.[6] 이집트어에서 히브리어로 기록한 이름 필기는 모세가 살았다고 추정되는 시기 당시 이집트어에서 아카드어로 기록한 필기들과 유사하다.[7] 같은 시기 이집트 문헌들에서도 이집트식 이름 도입을 통해 이민자들을 감소시키는 과정들을 엿볼 수 있다.[8]

지그문트 프로이트(Sigmund Freud)는 그의 생애 마지막 해인 1939년에 펴낸 저서 『인간 모세와 유일신교』(*Der Mann Moses und die monotheistische Religion*)에서 아크나톤의 종교와 모세의 종교의 관계를 다루었다. 프로이트는 '모세'라는 명칭으로 논의를 시작한다. 그는 이 명칭이 이집트식이라고 보는 학자들의 주장을 근거로 모세를 아크나톤 시대 이집트 왕자로 결론지었다. 아크나톤은 신화와 주술 죽음 제의를 제거하고 유일신 종교를 확립했다. 프로이트는 모세가 아크나톤의 죽음 이후 그의 후계자들이 아톤 신을 폐지한 것에 불만을 품고 당시 이집트에서 종살이하던 히브리인 부족에게 유일신 신앙을 전파했다고 주장했다. 모세는 그들의 지도자가 되어 이집트에서 해방시켰지만 프로이트는 이스라엘 자손들이 모세가 전수해 준 종교만으로는 성에 차지 않아 반기를 들어 그를 살해했다고 주장했다. 프로이트는 성서 신앙의 기초에 창시자이자 선지자인 모세를 죽인 원시 살인의 억압된 기억과 죄책감이 이스라엘 자손들에게 자리하고 있다고 생각했다.

이스라엘 자손들이 모세를 죽였다는 프로이트의 가설은 호세아의 몇몇 구절을 근거로 이렇게 해석한 독일 성서학자 에른스트 젤린(Ernst Sellin)의 주장에 근거한다. 프로이트가 사망하기 얼마 전 근동학자이자 이집트학자인 아브라함 샬롬 예후다(Abraham Shalom Yahuda)는 런던에서 그와 만난 일을 저술했다. 이 만남에서 예후다는 프로이트에게 "젤린이 아무런 근거도 없는 헛소리에 불과한 자신의 해석을 번복하고 취소했다"라고 이야기했다. 예후다는 노쇠한 프로이트의 반응을 이렇게 묘사한다.

> 노인은 나를 주의 깊게 바라보며 신념에 찬 사람의 목소리로 대답했다. "젤린이 번복했다 하더라도 그의 가설을 사실인 것 마냥 유지할 수 있어. 그의 후회에도 막론하고, 모세의 죽임당함이 정신분석학의 틀 안으로 깊이 들어왔기 때문이지."[9]

프로이트의 테제의 유일한 결함은 젤린의 미심쩍은 해석에 의존한 것만이 아니다. 먼저 지적할 것은 모세가 이집트식 이름을 사용했다고 해서 그를 이집트 출신으로 볼 근거는 없다. 앞서 이야기했듯이 오랜 기간 이집트 이민자들 사이에는 이집트식 이름을 채택하는 경향이 있었다. 프로이트가 자신의 책 제목으로 사용한 '일신교'(Monotheism)와 모세가 아크나톤에게 배워 이스라엘 자손에게 전수했다고 주장하는 일신교 사상은 단어 자체로 치명적인 결함이 있다. 이 단어는 그 외에 다른 신이 없는 유일신의 존재를 주장하는 종교의 용어다. 하지만 본 뜻대로라면 아크나톤과 모세 둘 중 누구도 일신론자라고 볼 수 없다. 아크나톤은 자신을 신으로 나타냈고 백성도 그를 신으로 대했는데, 이는 엄격한 일신론적 방식에서는 불가능하다. 성서에서도 모세와 관련해 다른 신들의 존재를 암시하는 언급들이 있다. 예를 들어 출애굽기의 모세의 노래에는 "여호와여 신 중에 주와 같은 자가 누구니이까"(출 15:11)처럼, 많은 신이 있지만 야훼만이 가장 높임을 받으신다고 노래한다. 십계명에도 유사한 의미가 숨겨져 있다. 다른 신들이 존재하지만 이집트에서 인도해 낸 야훼만을 섬겨야 한다(출 20:2-3). 아크나톤과 모세의 공통적 요소는 한 특정 신만을 섬기도록 지시하는 사상이지 다른 신들의 존재를 전적으로 부인하는 것이 아니다.

프로이트의 이론에 방법론적인 결함은 있지만 통찰만큼은 외면할 수 없다. 프로이트의 가설처럼, 모세는 아크나톤의 개혁에 영향을 받았을까?[10]

아톤 종교에 대해 우리가 알 수 있는 유일한 자료는 아크나톤 시대 고위 관료였던 아이(Ay)의 무덤 시설이다. 무덤의 벽에는 아크나톤이 직접 지은 것으로 보이는 아톤 신에게 바치는 찬가가 새겨져 있다. 학자들은 이 찬가와 시편 104편 사이에 유사점이 많음을 발견했다. 시편은 다음과 같이 시작한다.

> 내 영혼아 여호와를 송축하라
> 여호와 나의 하나님이여 주는 심히 위대하시며
> 존귀와 권위로 옷 입으셨나이다(시 104:1).

아톤에게 바치는 찬가는 다음과 같다.

> 행하신 일들이 어찌 그리 많은지, 내 앞에서 숨겨졌나이다.
> 유일한 신, 그 외에는 다른 이가 없도다 ······
> 궁창의 지평선에 영광으로 나타나시며
> 살아있는 아톤, 생명의 주관자.

두 노래는 특별히 자연을 묘사하는 내용이 유사하다. 시편 기자는 밤의 자연을 묘사했다.

> 주께서 흑암을 지어 밤이 되게 하시니
> 삼림의 모든 짐승이 기어나오나이다
> 젊은 사자들은 그들의 먹이를 쫓아 부르짖으며
> 그들의 먹이를 하나님께 구하다가(시 104:20-21).

아톤 찬가에서도 비슷한 내용을 찾아볼 수 있다.

> 땅의 지평선에 저물어 ······
> 모든 사자는 그의 동굴에서 나오며
> 모든 기는 동물들은 물 것이며

시편 기자는 바다와 바닷속 생물들을 묘사하면서 그들이 하나님께 달려 있음을 강조한다.

> 거기에는 크고 넓은 바다가 있고
> 그 속에는 생물 곧 크고 작은 동물들이 무수하니이다.
> 그곳에는 배들이 다니며

> 주께서 지으신 리워야단이 그 속에서 노나이다.
> 이것들은 다 주께서 때를 따라 먹을 것을 주시기를 바라나이다.
> 주께서 주신즉 그들이 받으며
> 주께서 손을 펴신즉 그들이 좋은 것으로 만족하다가
> 주께서 낯을 숨기신즉 그들이 떨고
> 주께서 그들의 호흡을 거두신즉 그들은 죽어 먼지로 돌아가나이다
> (시 104:25-29).

아톤 찬가에는 이렇게 노래한다.

> 배들은 북쪽으로 남쪽으로 다니며
> 모든 길은 당신에게로 열려 있도다.
> 나일의 물고기들은 당신의 얼굴 앞에 뛰며 ……
> 당신이 비추면 살고,
> 당신이 저물면 죽나이다.

이런 유사점들로부터 알 수 있는 것은 아톤을 위한 대찬가 또는 그것과 비슷한 작품이 아마도 시편 기자에게 있었을 것으로 보인다. 어떻게 아톤 찬가가 시편 기자의 손에 들어왔을까? 시편 104편에서 우리는 이스라엘 땅 인근의 지리와 식생을 알 수 있다.

> 여호와께서 샘을 골짜기에서 솟아나게 하시고
> 산 사이에 흐르게 하사 ……
> 여호와의 나무에는 물이 흡족함이여
> 곧 그가 심으신 레바논 백향목들이로다
> 새들이 그 속에 깃들임이여
> 학은 잣나무로 집을 삼는도다
> 높은 산들은 산양을 위함이여

바위는 너구리의 피난처로다(시 104:10, 16-18).

시편 기자는 이스라엘에 살았던 것으로 보인다. 과연 아톤 찬가가 이스라엘이나 주변에 알려져 있었을까? 아크나톤은 이스라엘과 레바논 지역을 통치했다. 그러나 여기서 제기되는 질문은 '과연 아크나톤 때의 종교개혁과 그와 관련된 노래 작품들이 이스라엘과 레바논 주민들의 의식 속에 들어왔을까?'라는 점이다.

아크나톤이 아톤을 위해 세운 도시의 유적지인 텔 엘-아마르나에서 외교 문헌이 발견됐다. '엘 아마르나 편지들'로 알려진 이 문헌은 아크나톤과 그의 아버지 아멘호텝 3세 때 이집트에 귀속된 가나안, 시리아, 레바논의 현지 왕들과 주고받은 외교 서신이다. 또한 바벨론이나 헷 같은 강대국 통치자들과 주고받은 서신들도 발견됐다. 문헌들은 쐐기 문자 형태로, 진흙 판에, 당시 외교 언어였던 아카드어로 기록됐다.

아크나톤에게 서신을 보낸 왕들 중 하나인 수르의 아비밀키는 아크나톤을 "나의 하나님, 나의 태양"이라고 부르며 이렇게 적었다.

> 나의 주 왕이여, 나의 하나님, 나의 태양이시여,
> 당신의 종 아비밀키가 다음과 같이 아룁니다.
> 나의 주 왕의 발 앞에 일곱 번하고 또 일곱 번 엎드립니다.
> 나는 당신의 신발 아래 먼지와 같나이다.
> 나의 주는 날마다 모든 나라들 위에 떠오르는 태양과 같나이다.
> 선한 태양 아버지시여,
> 그의 선한 숨결로 생명을 주고 그의 은밀한 곳으로 돌아갑니다.
> 그의 강한 팔 덕분에 모든 나라들이 평안을 누립니다.
> 하늘에서 들리는 그의 음성은 바알과 같으며
> 그의 음성을 들을 때 모든 나라가 진동합니다.[11]

아비밀키는 서신에서 아크나톤을 생명을 주는 태양에 비유한다. 이 언어는 아톤을 위한 대찬가를 떠올리게 한다.

> 하늘의 지평선에 영광으로 나타나시며
> 살아있는 아톤 생명의 주관자,
> 당신은 아름답고 크십니다.
> 땅 위에 빛나고 높이 들리시며
> 당신의 광선이 나라들을 품으며
> 땅끝까지 하셨나이다.

두 자료 모두 아크나톤을 신의 아들로 표현한다. 아비밀키는 모든 나라 위에 떠오르는 태양이야말로 생명의 근원이라고 찬양하면서도 자신의 신이자 가나안과 페니키아를 아우르는 신인 바알에 대한 신앙도 버리지 않았다. 그는 아크나톤을 태양신 아톤과 동일시하지만 바알과도 동일시했다. 이를 근거로 이집트의 찬가가 손의 손, 입과 입을 거쳐 가나안에 알려져 있었다고 주장하는 학자들도 있다. 그렇다면 이 찬가가 시편 104편 기자의 손에도 들어갔다고 가정해 볼 수도 있다.[12]

그러나 이 주장은 설득력이 떨어진다. 학자들이 아비밀키 서신들의 언어를 분석한 결과, 이 서신은 수르 왕에게 고용된 이집트 서기관이 쓴 것이었다.[13] 글쓴이가 아크나톤의 종교시를 알았고 수르 왕의 서한을 기록할 때 이 시를 차용했다고 해도 전혀 놀랍지 않다.

아크나톤의 종교 작품과 성서의 문학과 신앙 사이에 직접적인 관련성이 있었는지 재차 확인할 필요가 있다. 시편 104편이 히브리인들이 이집트에서 나오는 시기에 기록됐다고 주장하고 싶지 않다. 시편 내용에서 알 수 있듯이, 시의 저자는 이스라엘에 살고 있었고 언어에서도 원시 흔적들을 찾아볼 수 없다. 그러나 이집트 히브리인 집단이 아크나톤 신앙을 이집트에서 가나안으로 가져왔고 후대에 이 찬가가 성서의 신앙관에 맞춰 수정됐다고 추정할 수 있을 것이다.

나는 레위 제사장들이 아크나톤과 성서 신앙 사이를 잇는 가교라고 생각한다. 이와 관련해 시편 104편과 제사장 문서인 창세기 1장의 창조 이야기 사이의 유사점들을 짚어볼 필요가 있다. 두 본문 사이의 관련성은 창조 순서가 매우 유사하다는 점이다. 창세기 1장에 따르면 창조는 여덟 단계로 이루어졌다.

1. 빛을 만드심(창 1:3-4).
2. 하늘의 궁창을 만들고 물을 궁창 위와 아래로 나뉘게 하심(창 1:6-7).
3. 바닷물을 한곳으로 모아 육지가 드러나게 하심(창 1:9-10).
4. 땅이 식물을 내게 하심(창 1:11-12).
5. 광명체들을 만드심(창 1:14-17).
6. 바다 생물과 새를 만드심(창 1:20-21).
7. 육지 동물을 만드심(창 1:24-25).
8. 사람을 만드심(창 1:26-27).

창세기 1장은 전체적으로 창조 기사로만 한정됐지만, 시편 104편은 창조와 함께 다양한 피조물을 향한 하나님의 지속적인 관심이 표현되어 있다. 이런 의미에서 시편 104편은 창조에 대한 내용 없이 피조물에 대한 신의 보살핌만 다룬 아톤 찬가와 창조의 내용만 다룬 창세기 1장의 중간 지점 같은 형식을 갖는다. 여기서 시편 104편의 창조 내용만 분리해서 창세기와 비교하면 시 형태의 시편과 이야기 형태의 창세기가 겉보기에는 다르지만 구조가 매우 닮은 것을 알 수 있다.

그러나 창세기와 시편 104편에는 빛과 관련해서 성서의 다른 창조 묘사 본문에서 찾아볼 수 없는 독특한 창조 순서가 나온다. 두 자료에서 특이하고 난해한 부분은 빛이 광명체들보다 먼저 있었다는 점이다.

광명체들도 "땅을 비추게"(창 1:17) 하는 것이 역할이라면 빛과 광명체를 어떻게 이해해야 할까?

  시편 104편과 제사장 문서인 창세기 1장은 아크나톤의 종교를 의식하고 있었음을 보여 준다. 제사장 문서의 창조 이야기가 태양 빛과 신을 동일시한 아크나톤의 방식의 아톤 신앙에 대한 반론이라고 본다. 창세기 1장과 시편 104편에는 조물주가 빛과 태양으로 동일시되지 않음을 강조한다. 빛은 하나님의 첫 번째 창조물이며 태양이 만들어지기 전부터 존재했다. 성서 신앙은 아크나톤 신앙을 비약적으로 발전시켰다. 아크나톤이 신을 생리적·성적 욕구로부터 분리시켰다면 성서는 한 걸음 더 나아가 신과 피조 세계 사이를 분리시켰다면 신은 세상의 일부가 되지 않고 자신의 뜻대로 그것을 통치한다.[14]

  어쩌면 아크나톤의 종교의 영향을 받은 레위 히브리인이 이집트에서 올 때 유일신 신앙을 가져왔을 수도 있다. 그들은 가나안에 들어와 제의를 담당하게 됐다. 그러나 그들이 집례해야 했던 종교 의식들은 하란에서 온 다수 집단에게 익숙한 제의였다. 레위인은 자신들의 신념에 따라 신상으로 표현된 다신교 숭배를 제한하면서 하란에서 들어온 제의 전통을 새롭게 각색했다. 토라의 제사법은 북시리아에서 들어온 제의 전통과 레위인들이 이집트에서 가져온 새로운 종교 사상이 어우러진 결과를 반영하고 있다. 여전히 성서의 제의와 하란 지역의 제사 의식 간에 유사점들을 찾을 수 있다. 그러나 수많은 신이 있었던 북시리아의 제의와는 달리, 성서는 다른 우상이나 형상으로 표현되지 않는 하나의 신만을 섬길 것을 명령한다. 이처럼 성서의 제의는 이스라엘이라는 용광로 안에서 융합 과정을 거친다.

8장
야훼와 그의 아세라

지금까지의 복원에 따르면, 광야 유랑 생활에 관한 토라의 전승은 람세스 2세 때 이집트에서 노역하던 소수 히브리 레위인의 역사적 경험을 보여 준다. 이스라엘인 다수는 앗수르의 잔혹한 침략으로부터 도망쳐 온 하란의 유목민 그룹이었다. 그들은 시리아 사막을 거쳐 가나안으로 들어와 중앙 산지에 정착했다. 그리고 토착 가나안인과 융화됐다. 첫 몇 세기 동안 이스라엘 사회에 역사·종교 전승이 다른 여러 집단이 존재했음을 인지한다면 성서의 종교와 이스라엘의 종교 사이의 격차를 실감할 수 있다. 먼저 두 용어의 의미를 명확하게 해 두자. '성서의 종교'는 성서가 주창하고 명령하는 신념과 법규 전체를 의미한다. '이스라엘의 종교'는 그 당시 이스라엘인들이 실제로 고수했던 종교적 생활 양식을 말한다. 성서와 고고학 유물을 비교해 보면, 성서의 종교와 이스라엘의 종교 사이에는 분명한 괴리가 있다. 성서의 종교는 야훼 외에 다른 신들을 숭배하는 것을 금하지만, 현실에서는 야훼 외에 다른 신들을 섬긴 흔적들을 발견할 수 있다.

책의 종교와 민족 종교 간의 격차를 어떻게 설명할 수 있을까? 성서와 현대 학문은 이 현상에 대해 여러 해석을 제시하고 있다. 성서는 시내산에서 모든 이스라엘 자손이 야훼의 법도를 지키도록 명을 받았다고 기록되어 있다.

> 언약서를 가져다가 백성에게 낭독하여 듣게 하니 그들이 이르되 여호와의 모든 말씀을 우리가 준행하리이다(출 24:7).

그러나 그들은 이미 광야 생활 때 토라의 법도에서 벗어났고 가나안 땅으로 들어간 이후로는 더 열성적으로 다른 신들에 심취했다. 이는 모세의 율법에 어긋나는 행위이며 심각한 죄로 여겨진다. 성서의 저자들이 이해했듯이 이는 결국 나라의 멸망과 성전의 파괴 그리고 이스라엘 자손의 강제 이주를 야기했다(왕하 17:7-23, 21:2-15 참조). 반면 오늘날 다수의 성서학자는 이 일들을 전혀 다른 시각에서 본다. 그들은 이스라엘의 종교가 성서의 종교에서 이탈한 것이 아니라, 오히려 성서의 종교가 이스라엘의 종교로부터 발전했다는 것이다. 이 견해대로라면 모든 이스라엘인 종교의 기원은 엘 신과 그의 배우자 아세라를 중심으로 한 가나안의 만신전이고 이후 야훼가 가나안의 만신전으로 스며들어 엘의 아들 중 하나로 인식됐다. 마지막으로 야훼가 엘과 동일시됐고 만신전의 최고봉을 차지했다. 주전 9세기 선지자들(엘리야와 엘리사)과 8세기 선지자들(호세아, 아모스, 이사야, 미가)의 활동 덕분에 가나안 신 일가를 몰아내고 야훼 신앙과 야훼만을 위한 제사를 명한 성서의 종교가 피어나게 됐다.[1]

이런 이론은 성서의 종교와 이스라엘의 종교 사이의 상호 관계를 이해하는 데 새로운 시각을 제공한다. 성서 신앙의 발달은 이집트에서 나온 레위 히브리인 집단과 관련이 있다. 그들이 주전 12세기 가나안에 도착했을 때, 수십 년 전부터 중앙 산악 지역에 정착했던 이스라엘인 집단을 만났고 가나안 요소들과 결합됐다. 그들에게는 공통된 경험이 있었다. 하란 난민과 레위인에게는 모두 광야에서 방랑한 뒤에 가나안으로 들어왔다. 그런데 레위인에게는 가나안인과도 공통된 경험이 있었다. 두 집단은 모두 이집트에서 노역하는 고난을 당했다. 하지만 종교적인 측면에서는 세 집단 사이에 차이가 있었다. 레위 히브리인은 유일신 야훼를 섬기는 신앙을 갖고 있었지만 하란 난민과 가나안인은 엘을 중심으로 한 만신전을 숭배했다.

레위인은 제의를 담당했기 때문에 다른 집단들에 영향을 끼칠 수 있는 위치에 있었다. 그들은 미디안에서 가져온 야훼 신앙을 퍼뜨렸다. 하지만 초기에는 다른 집단들이 야훼를 유일신으로 받아들이는 데 동의하지 않았을 것으로 보인다. 그들은 야훼를 엘의 아들 중 하나로 기존 신의 계보에 포함시키기를 원했다. 이런 흔적을 신명기의 나머지 본문들보다 이른 시기에 기록됐을 것으로 보이는 32장의 노래에서 발견할 수 있다.[2] 이 노래에서 여러 민족의 충돌을 묘사한 내용을 찾아볼 수 있다.[3]

> 옛날을 기억하라 역대의 연대를 생각하라 네 아버지에게 물으라 그가 네게 설명할 것이요 네 어른들에게 물으라 그들이 네게 말하리로다 지극히 높으신 자가 민족들에게 기업을 주실 때에, 인종을 나누실 때에 이스라엘 자손의 수 효대로 백성들의 경계를 정하셨도다 여호와의 분깃은 자기 백성이라 야곱은 그가 택하신 기업이로다(신 32:7-9).

"이스라엘 자손의 수효대로 백성들의 경계를 정하셨도다"라는 구절의 의미가 명확하지 않다. 일반적으로 주석가들은 이 내용이 이집트로 내려간 이스라엘 자손의 수 70 그리고 성서가 생각하는 세상에 존재한 민족의 수 70과 연관된다고 설명한다.[4] 그러나 성서의 여러 사본을 비교해 보면, 확연한 차이를 발견할 수 있다. 쿰란 사본에는 "하나님의 아들들의 수효대로"라고 기록되어 있다.[5] 비슷한 내용이 헬라어 사본인 칠십인역에도 나온다.[6] 이 사본들이 본문의 본래 의미에 새로운 빛을 비춰 준다.

나는 아들들에게 유업을 물려주는 아버지 신으로 묘사된 '지극히 높으신 자'(עליון, 신 32:8)[7]와 창세기에서 예루살렘 왕 멜기세덱의 하나님으로 언급되는 '지극히 높으신 하나님'(אל עליון, 창 14:18-20)을 동일하다고 보는 학자들의 의견에 동의한다. 이 두 본문이 가리키는 신은 가나안 문헌들을 통해 알려져 있는 세상의 창조자이자 신들을 섬기는 족속의 아버지인 '엘'이다. 신명기 중 비교적 빠른 시기에 만들어진 노래에는 가나안 신화의 색채가 진하게 묻어 있다. 이 신화를 보면 신들의 아버지 엘과 그의 아내 아세라에게는 자녀가 70명 있었고 이들로 만신전이 구성됐다.[8] 여기에서 '지극히 높으신 자'는 아들들에게 기업을 주는 아버지로 묘사된다. 하나님의 아들마다, 지극히 높으신 자의 후손마다 특정 민족을 기업으로 받았다. 지극히 높으신 이의 아들들 중 하나로 묘사된 야훼는 그의 기업으로 야곱을 받는다.

　이 전승은 성서에 익숙한 종교 상식에서 분명히 벗어난다. 성서는 이스라엘의 하나님, 야훼만이 세상의 주권과 통치권을 가진 유일한 분이라고 주장한다. 성서의 신앙관에 따르면 야훼는 누구에게서 태어나지도 않았으며, 아버지나 형제들도 없으며, 만신전의 일원도 아니다. 그런데 신명기 32장의 원본에 나타난 전승은 야훼를 지극히 높은 자의 아들들 중 하나로 아버지로부터 기업을 받은 아들들 중 하나로 묘사하고 있다. 성서의 관점과는 달리 여기서 야훼의 통치는 그의 백성 이스라엘과 그의 기업으로만 축소되어 있다. 다른 민족들은 다른 '하나님의 아들들'의 주권에 예속되어 있다. 따라서 문제의 표현인 '하나님의 아들들의 수효대로'는 성서 편집자들에 의해 '이스라엘 자손의 수효대로'로 수정됐다. 이로써 편집자들은 야훼를 지극히 높은 자의 아들 중 하나로 묘사하는 가나안 신들의 가족사진을 간직하고 있는 이 문제의 사본을 버렸다.

　바벨론 포로기 이전까지 모든 시대에 걸쳐 다수의 이스라엘인은 야훼를 섬기면서 가나안 신도 숭배했다. 그러나 시간이 지나면서 가나안 신앙을 버리고 온 우주의 유일한 통치자로서 엘과 동일시된 야훼에 대한 신앙을 받아들인 이들이 생겨났다. 이런 종교적 변화를 시편 82편에서 볼 수 있다.

> 하나님은 신들의 모임 가운데에 서시며 하나님은 그들 가운데에서 재판하시느니라 너희가 불공평한 판단을 하며 악인의 낯 보기를 언제까지 하려느냐

(셀라)
가난한 자와 고아를 위하여 판단하며 곤란한 자와 빈궁한 자에게 공의를 베풀지며
가난한 자와 궁핍한 자를 구원하여 악인들의 손에서 건질지니라 하시는도다
그들은 알지도 못하고 깨닫지도 못하여 흑암 중에 왕래하니
땅의 모든 터가 흔들리도다
내가 말하기를 너희는 신들이며 다 지존자의 아들들이라 하였으나
그러나 너희는 사람처럼 죽으며 고관의 하나같이 넘어지리로다
하나님이여 일어나사 세상을 심판하소서
모든 나라가 주의 소유이기 때문이니이다(시 82:1-8).

많은 성서학자가 이 찬양시의 서두가 "하나님은 신들의 모임 가운데에 서시며"가 아니라 "여호와는 신들의 모임 가운데에 서시며"였어야 한다고 주장한다.[9] 이는 앞서 이야기한 신명기 32장의 경우와 유사하다. 이를 뒷받침해 주는 근거로 우가리트 문헌을 들 수 있다. 가나안 만신전의 최고신 엘은 아들 신들 사이에 둘러싸여 있는데, 이들을 '엘 그룹'이라고 부른다. 야훼도 이 그룹에 속했고 '지극히 높으신 엘'을 둘러싼 신들과 함께한다. 신명기 32장에서처럼 시편 82편에서도 지극히 높으신 엘의 아들들이 여러 민족을 담당하고 있다. 그러나 그들의 통치는 바르지 않았으며, 부패하고 부도덕했다. 야훼는 엘 그룹의 감독관으로서 신들에 맞서 그들의 그릇된 행동들을 질책한다.

너희가 불공평한 판단을 하며 악인의 낯 보기를 언제까지 하려느냐 (셀라)
가난한 자와 고아를 위하여 판단하며 곤란한 자와 빈궁한 자에게 공의를 베풀지며 가난한 자와 궁핍한 자를 구원하여 악인들의 손에서 건질지니라 하시는도다.

시인은 야훼의 외침에 반응하지 않는 민족 지도자 신들을 보며 체념하듯 말한다.

> 그들은 알지도 못하고 깨닫지도 못하여 흑암 중에 왕래하니
> 땅의 모든 터가 흔들리도다.

신들의 도덕적인 타락은 세상을 혼돈으로 이끌고 땅의 기초를 흔들어 놓았다. 타락한 신들에게는 죽음과 만신전으로부터의 추방이라는 엄중한 심판이 내려졌다.

> 내가 말하기를 너희는 신들이며 다 지존자의 아들들이라 하였으나
> 그러나 너희는 사람처럼 죽으며 고관의 하나같이 넘어지리로다

지극히 높은 엘의 아들들은 천상의 판테온에서 쫓겨나 떨어져 버렸고, 그들에게는 유한한 인간들이나 겪는 죽음이 선고됐다. 지극히 높은 자의 아들들이 밀려나고 판테온의 머리인 엘과 동격인 야훼가 모든 민족의 유일한 통치자가 됐다.

> 하나님이여 일어나사 세상을 심판하소서
> 모든 나라가 주의 소유이기 때문이니이다.

가나안의 엘 그룹의 종말과 홀로 온 세상을 다스리는 하나님으로의 종교 변화에도 불구하고 여전히 가나안 만신전으로부터의 단절이 그리 쉽지만은 않았다. 주된 어려움은 신에게서 성욕과 생식력을 떼어 내려는 성서 신앙의 요구에 있었다. 고대 근동 문화에서는 신들의 결혼과 번식을 자녀의 생산과 농작물의 풍요를 부르는 열쇠로 여겼다. 인간은 제사 의식을 통해 신들의 짝짓기 과정에 영향을 줄 수 있었다. 예를 들어 수메르의 신년 축제 때는 곡식의 신 두무지와 이난나 여신의 성혼 의식이 거행됐다. 둘의 결혼은 땅의 생산성과 축복과 풍요를 보장했다.[10] 성서의 종교가 신들의 명단에서 여성을 배제한 것은 이스

라엘인 목자와 농부들의 관점에서는 우려를 자아내는 행보였다. 이스라엘인 여성들 또한 잉태와 출산에 도움을 주는 여성 신의 부재를 느낄 수밖에 없었다.

7장에서 살펴봤듯이 아톤은 성욕도 없고 배우자도 없다. 하지만 아크나톤의 종교에서 여성이 완전히 사라지지는 않았다. 아크나톤과 그의 아름다운 아내 네페르티티는 신적 지위와 속성을 지닌 인물로 여겨졌다. 이로써 이시스와 하토르 같은 전통적인 여신들이 폐지되며 생긴 공백을 네페르티티가 어느 정도 채울 수 있었다.[11] 반면 성서의 종교에서는 여신의 자리를 대체할 인물을 찾아볼 수 없다. 많은 이스라엘인 남성과 여성은 성서의 하나님의 고독을 납득하기 어려웠으며, 하나님을 가나안 조상들의 전통에서 익숙했던 가나안 여신들 중 하나와 결혼시키려고 했다. 시내 반도와 벤구브린(Beit Guvrin) 지역에서 발견된 문헌들에서는 '야훼와 그의 아세라'를 칭송하는 이스라엘인들에 대한 언급이 나온다.[12] 여기에서 아세라의 의미가 가나안 신들의 어머니인 아세라인지 아니면 나무로 만든 제의적 물건인지는 학자들 사이에 의견이 나뉜다. 어찌 됐든 이런 기록은 여성의 존재 또는 여성적 제의 상징을 야훼와 접목하려는 시도로 보인다. 앞서 말했듯이 이스라엘인은 야훼를 가나안 만신전의 최고신 엘과 동일시했다. 따라서 이스라엘의 종교에서 야훼를 엘의 아내인 아세라와 연합시키려는 의도가 다분했다고 해도 전혀 놀랍지 않다. 야훼의 전에 아세라 목상을 들여놓았던 유다 왕 므낫세의 행동에도 이런 동기가 있었다(왕하 21:7). 히브리 레위인에게서 '아나티야후'(ענתיהו)라는 문구가 발견되는데, 이는 바알의 여동생 혹은 배우자인 가나안 여신 아나트와 야훼의 결합을 증언해 준다.[13]

성서의 종교는 이런 류의 문구를 용납할 수 없었다. 선지자 호세아가 언급하듯이 하나님께는 번식을 위한 배우자가 필요하지 않다. 야훼는 홀로 활력과 번성과 풍요의 근원이시다.

> 내가 이스라엘에게 이슬과 같으리니 그가 백합화같이 피겠고 레바논 백향목같이 뿌리가 박힐 것이라 …… 그 그늘 아래에 거주하는 자가 돌아올지라 그들은 곡식같이 풍성할 것이며 포도나무같이 꽃이 필 것이며(호 14:5, 7).

호세아는 이어서 말한다.

> 에브라임의 말이 내가 다시 우상과 무슨 상관이 있으리요 할지라 내가 그를 돌아보아 대답하기를 나는 푸른 잣나무 같으니 네가 나로 말미암아 열매를 얻으리라 하리라(호 14:8).

이 내용의 전반적인 어조는 명료하다. 선지자는 북이스라엘 왕국의 중심 지파였던 에브라임을 향해 말한다. 그는 풍요와 수확을 위해 우상들에게 구하지 말라고 선포한다. 풍요와 수확은 야훼로부터 오기 때문이다. 그런데 "내가 그를 돌아보아 대답하기를"(אני עניתי ואשורנו)을 해석하기 어렵다. 저명한 성서학자 율리우스 벨하우젠(Julius Wellhausen)은 이 구절의 원본에는 '나는 그의 아나트며 그의 아세라'(אני ענתו ואשרתו)라고 쓰였을 것이라고 제안했다.[14] 이에 따르면 선지자의 말에는 풍요를 얻기 위해 야훼를 아세라와 아나트 여신과 결합시킨 자들에 대한 비판이 담겨 있다. 하나님께서는 아나트와 아세라의 것으로 여겨지던 풍요의 힘을 자신이 갖고 있기에 여신이 필요하지 않다고 말한다.

호세아는 가나안의 신인 바알을 숭배하는 이스라엘인들과도 논쟁했다. 바알은 폭풍우와 비를 상징하기에 땅의 풍요와도 관련된다. 바알 숭배에 대한 거부 반응은 호세아보다 백 년 정도 앞섰던 엘리야와 엘리사 선지자 이야기의 중심 내용이기도 하다. 엘리야는 사람들을 향해 이렇게 말했다.

> 너희가 어느 때까지 둘 사이에서 머뭇머뭇 하려느냐 여호와가 만일 하나님이
> 면 그를 따르고 바알이 만일 하나님이면 그를 따를지니라 (왕상 18:21).

다수의 성서학자는 주전 9세기 엘리야의 활동과 호세아를 포함한 주전 8세기 선지자들의 예언에서 야훼만을 섬기도록 요구하는 성서 신앙이 출현했다고 본다. 그러나 우리가 봤듯이 성서 신앙의 기본 원리들은 이보다 수백년 전에 기록된 드보라의 노래에 투영되어 있다. 그래서 엘리야와 엘리사 또는 호세아와 아모스를 성서 종교의 창시자로 소개하는 것은 모순이다. 비록 선지자들도 오직 한 신만을 섬기라고 열정적으로 요구한 전사들이었지만, 이 요구는 이미 그들 이전 세대들부터 성서 종교의 기초로 자리하고 있었다.

성서 이후의 유대 전승은 바알 숭배에 열성적으로 맞선 엘리야를 여호와께 헌신한 제사장 비느하스와 같은 인물 또는 그의 계승자로 봤다. 그래서 엘리야를 제사장으로 표현했다. 그러나 성서에는 엘리야가 제사장 계통에서 왔음을 암시하지 않는다. 엘리사, 호세아, 아모스도 레위 지파에 속하지 않았다. 시간이 흐르면서 레위인 계통을 통해 순수한 성서 신앙이 퍼져 나갔고 레위 지파 자손이 아닌 선지자 계열도 이를 받아들였다. 성서의 증언과 고고학 유물을 통해 알 수 있듯이, 그럼에도 다수의 이스라엘 자손은 야훼뿐만 아니라 가나안의 신들과 여신들을 계속해서 숭배했다. 제1 성전 시대 말까지 성서 신앙은 이스라엘 민족의 소수 유산이었다.

이 장의 논의를 통해 고고학적 유물이 성서 신앙의 고대성을 반박할 수 없음을 살펴봤다. 이에 따르면 이스라엘의 종교와 성서 종교의 차이는 성서 종교가 후대에 나타났음을 입증해 주지 않는다. 이 차이는 성서 신앙이 소수의 이집트 출신 레위인으로부터 이스라엘인에게 들어왔다는 사실에서 드러난다. 성서 신앙은 소수의 신앙이었으며 그 주변에는 야훼와 만신전이 다양한 형식으로 공존했다.

9장
금송아지상과 십계명

앞 장에서 성서 저자들이 거부한 이스라엘 사회의 종교·제의 사상들을 살펴봤다. 이 장에서는 백성 중에 널리 퍼져 있었지만 성서가 거부한 또 다른 제의인 금송아지 숭배를 살펴볼 것이다.

금송아지상은 북이스라엘 왕국의 제사의 상징이었다. 열왕기상 이야기에 따르면 솔로몬의 아들 르호보암의 권위에 도전한 여로보암은 반역을 일으켜 북쪽에 독립된 이스라엘 왕국을 세웠다. 북쪽 지파들을 규합한 이들은 벧엘을 종교 중심지로 삼았다. 새로운 종교 중심지는 사실상 예루살렘의 제의 체제에 경쟁하는 제의 장치가 됐다.

벧엘의 제사 대상은 금송아지였다. 성서는 여로보암이 두 금송아지상을 만들었다고 말한다.

> 이스라엘아 이(두 금송아지)는 너희를 애굽 땅에서 인도하여 올린 너희의 신들이라 하고(왕상 12:28).

금송아지상 하나는 벧엘에, 다른 하나는 단에 두었다(왕상 12:29). 금송아지 숭배는 하나님을 숭배했던 또 다른 방식으로 보인다. 출애굽기 32:5와 열왕기상 12:32에는 야훼의 절기를 금송아지 제사로 지킨 이야기가 소개되고 있다. 열성적으로 야훼와 야훼 제의를 고수했던 이스라엘 왕 예후조차도 금송아지를 숭배했다(왕하 10:29). 바알 선지자들과 치열하게 싸웠던 엘리야도 금송아지 제사에 대해서는 한마디도 하지 않는다. 벧엘의 성스러움을 이야기하는 창세기의 전통은 예후처럼 이스라엘의 하나님을 섬기는 데 헌신한 사람들에게서 비롯됐다. 그들은 벧엘의 성스러움과 제의적 상징들을 야훼의 거룩성의 구현으로 받아들였다.¹ 그러나 이런 종교 관습을 반대하는 북쪽 집단들도 있었다. 북쪽 선지자로서 금송아지 숭배를 강력하게 규탄했던 사람은 호세아다. 호세아는 주전 8세기부터 주전 722년, 사마리아가 앗수르에게 함락되기까지 이스라엘 왕국에서 활동했다.² 그의 질책에는 타협이 없다.

> 이제도 그들은 더욱 범죄하여 그 은으로 자기를 위하여 우상을 부어 만들되 자기의 정교함을 따라 우상을 만들었으며 그것은 다 은장색이 만든 것이거늘 그들은 그것에 대하여 말하기를 제사를 드리는 자는 송아지와 입을 맞출 것이라 하도다(호 13:2).

사람들은 성물에 입을 맞추듯이 금송아지에 입맞춤했을 것이다.³ 호세아는 하나님께 제사드리는 방식을 비판하면서, 하나님께서는 많은 제물을 원하시지 않는다고 주장했다.

> 그들이 양 떼와 소 떼를 끌고 여호와를 찾으러 갈지라도 만나지 못할 것은 이미 그들에게서 떠나셨음이라(호 5:6).

그는 하나님께서 인간들을 버리고 하늘로 올라가셨다고 말한다.

> 내가 내 곳으로 돌아가리라(호 5:15).

호세아가 말하고자 하는 바는 분명하다. 인간이 제물을 바친다고 해서 하나님을 찾을 수 있는 것은 아니다. 송아지상에 대한 호세아의 비판은 출애굽기의 금송아지 이야기와 맥락을 같이한다.

금송아지 사건은 시내산에서 율법을 받은 직후에 일어난다. 모세는 산으로 올라가 40일 동안 밤낮으로 머물렀다. 이스라엘 자손은 그가 산에서 내려오지 않자 아론에게 찾아가 말한다.

> 일어나라 우리를 위하여 우리를 인도할 신을 만들라 이 모세 곧 우리를 애굽 땅에서 인도하여 낸 사람은 어찌 되었는지 알지 못함이니라(출 32:1).

아론은 그들의 요구대로 금송아지를 만든다. 이스라엘 자손은 송아지상 앞에서 이렇게 외친다.

> 이스라엘아 이는 너희를 애굽 땅에서 인도하여 낸 너희의 신이로다(출 32:4).

이는 여로보암의 선언과 동일하다(왕상 12:28). 이 밖에도, 이미 일부 학자들이 지적했듯이, 아론과 여로보암의 또 다른 핵심적인 유사점을 찾아볼 수 있다. 아론의 두 아들 나답과 아비후는 젊은 날에 갑작스럽게 비극적인 죽음을 맞았다(레 10:1-2). 여로보암의 아들 아비야와 나답도 어린 나이에 죽었다(왕상 14:17, 15:28). 금송아지 숭배를 비판하는 출애굽기 이야기가 여로보암과 그의 금송아지 숭배까지 이어진 것이다.[4]

그러나 여전히 송아지 숭배의 배경과 성서 전반에 흐르는 부정적인 시각에 대한 난제가 완전히 해결된 것은 아니다. 가나안 만신전의 최고신 엘을 황소의 형상으로 표현하고 '황소 엘'이라고도 부른 가나안의 유산을 북왕국의 송아지 숭배가 이어받았다고 보는 것이 일반적인 견해다. 그러나 대니얼 플레밍(Daniel E. Fleming)이 언급했듯이[5] 가나안의 엘은 황소의 형상이지 송아지의 형상으로는 표현되지 않았다. 상식적으로 신들의 아버지인 엘이 어린 송아지보다 장성한 황소의 형상으로 묘사되는 것이 자연스럽다.

또 다른 난제는 출애굽기와 열왕기상의 선언이 유사한 언어로 나타난다는 점이다.

> 이스라엘아 이는(이것들은) 너희를 애굽 땅에서 인도하여 낸 너희의 신(들)이로다 하는지라(출 32:4, 왕상 12:28).

히브리어로 복수 형태 어휘인 '너희의 신들'은 송아지상을 하나만 만든 출애굽기의 이야기와 어울리지 않는 것처럼 보인다. 출애굽기의 복수형 어휘가 여로보암이 만든 두 송아지상의 제의적 현실을 드러낸다고 주장할 수 있지만 최근 성서학자 윌리엄 프롭(William H. C. Propp)이 지적한 대로 이 해석은 설득력이 없다.[6] 야훼를 나타내는 두 송아지를 각각 벧엘과 단에 두었는데, 복수 형태로 표현한 의도는 무엇일까?

금송아지 제의를 이해하는 데 또 다른 걸림돌이 있다. 열왕기상의 금송아지들은 야훼 제사의 제의적 상징으로 활용됐다고 볼 수 있지만 출애굽기의 금송아지는 다른 신으로 간주됐다.

> 이에 모세가 진 문에 서서 이르되 누구든지 여호와의 편에 있는 자는 내게로 나아오라 하매 레위 자손이 다 모여 그에게로 가는지라 모세가 그들에게 이르되 이스라엘의 하나님 여호와께서 이렇게 말씀하시기를 너희는 각각 허리에 칼을 차고 진 이 문에서 저 문까지 왕래하며 각 사람이 그 형제를, 각 사람이 자기의 친구를, 각 사람이 자기의 이웃을 죽이라 하셨느니라(출 32:26-27).

이 본문은 레위인과 달리 금송아지를 숭배한 자들에게는 다른 신을 섬겼기 때문에 죽음의 심판이 내려졌다고 기록한다.

앞의 질문에 대한 해답은 초창기 이스라엘 사회를 구성한 다양한 그룹이 결합되는 과정 안에 담겨 있다. 주전 13세기 말 하란에서 온 난민이 가나안 만신전의 머리인 '엘'을 도입했다. 엘을 신들의 아버지와 민족의 지도자로 인정했다는 것은 '이스라엘'이라는 명칭에도 드러난다. 그 뜻은 엘이 통치하며 주관하는 지도자(야쑤르 엘, ישור-אל)라는 의미이다. 가나안 종교에서 엘은 언제나 황소로 상징됐다. 하란 난민은 황소 상징에 익숙했다. 자신들이 떠나온 성읍에서는 황소가 달신 '씬'을 나타내는 것이었기 때문이다. 그들은 이런 전통을 이어 갔고 가나안의 엘의 상징으로 재해석했다. 므낫세 산지에 있는 초기 이스라엘인들의 거주지들 중 하나에서 황소 신상이 발견됐는데, 시리아에서 자주 발견되는 모양과 유사하다.[7] 황소로 묘사되는 엘은 아버지의 모습으로 받아들여졌다. 이는 야곱이 요셉을 축복하는 부분에 나타난다.

> 야곱의 전능자 …… 네 아버지의 하나님께로 말미암나니 그가 너를 도우실 것이요(창 49:24-25).

'전능자'(אביר)는 황소를 시적으로 부르는 별칭이다.[8] 따라서 '야곱의 전능자'는 야곱의 황소가 되며 '네 아버지의 하나님'(אל אביך)으로도 묘사된다.

이 구절은 황소로 상징되는 '엘'을 아버지의 이미지로 받아들이는 과정을 드러내고 있다.

주전 12세기, 파라오 메르넵타 시대에 이집트에서 탈출한 히브리인 무리가 가나안에 들어왔다. 그들은 이집트에서 가나안으로 오는 길에 만난 미디안 유목민에게서 소개받은 '야훼'라는 신을 가지고 들어왔다. 야훼를 섬기는 히브리인과 엘을 섬기는 이스라엘인의 만남은 두 신의 관계에 대해 질문하게 만들었다. 성서는 엘과 야훼를 한 신을 지칭하는 다른 이름으로 본다. 그러나 8장에서 봤듯이 신명기 32장의 원본과 시편 82편은 고대 이스라엘 사회 내 특정 집단이 가지고 있는 다른 사상을 투영한다. 이에 따르면 야훼는 엘의 아들들 중 하나로 여겨졌다.

만약 만신전의 아버지인 엘이 황소로 표현됐다면, 그의 아들 격인 야훼는 송아지로 표현되는 것이 맞다. 동시대 헷 문명에서 이 가설을 뒷받침할 만한 발견이 있었다. 주전 14~13세기를 지나며 키주와트나 왕국의 종교적 요소들이 헷의 문화권으로 침투했다. 주전 13세기에는 키주와트나의 신 싸루마가 헷의 최고신인 폭풍의 신 테슈브와 그의 배우자 헤바트의 아들로 등극했다. 폭풍의 신 테슈브가 황소 형상으로

표현됐기에, 그의 새 아들 싸루마에게는 '테슈브의 송아지'라는 호칭이 붙었다.[9]

고대 이스라엘 사회에도 이와 흡사한 과정이 발생했을 것으로 보인다. 새로운 신성이 외부로부터 침투했으며 최고신의 아들이라는 지위로 승격됐다. 야훼는 남쪽에서 온 히브리인과 함께 들어왔으며 이스라엘인의 눈에는 '엘'의 아들로, 상징적으로는 '그의 송아지'로 비춰졌다. 따라서 야훼를 송아지로 나타낸 것은 히브리인 집단과 이스라엘인 집단이 혼합되는 과정에서 생겨난 것으로 보인다. 이스라엘인은 기꺼이 히브리인이 미디안에서 가져온 야훼를 받아들이되, 엘의 위격을 보장해 달라고 요청했다. 만신전의 아버지인 황소 엘의 최고 권위는 야훼를 송아지로 표현함으로써 유지됐다.

히브리인의 출애굽 전승이 이스라엘의 용광로 속에서 이스라엘 전체의 전승이 됐다면, 이제 '엘의 황소' 또는 '야곱의 전능자(황소)'와 같은 호칭도 초기 이스라엘인의 하나님과 연관시킬 수 있게 됐다. 민수기에는 이스라엘의 하나님에 대해서 다음과 같이 기록됐다.

> 하나님이 그들을 애굽에서 인도하여 내셨으니 그의 힘이 들소와 같도다(민 23:22).

이스라엘을 이집트에서 탈출시킨 엘이 가지 모양의 뿔을 가진 야생 들소로 묘사되어 있다.[10] 이제 장성한 황소인 엘과 그의 아들이자 송아지인 야훼가 함께 이스라엘을 이집트에서 인도해 낸 신들로 인식되면서 그들을 "너희를 애굽 땅에서 인도하여 올린 너희의 신들"(왕상 12:28)로 호칭한다. 이에 출애굽을 엘과 야훼, 두 신의 활약으로 보게 됐다. 출애굽을 복수의 신과 연관시키려는 관점이 성서의 에벤에셀 전투에 잘 반영돼 있다.

> 우리에게 화로다 누가 우리를 이 능한 신들의 손에서 건지리요 그들은 광야에서 여러 가지 재앙으로 애굽인을 친 신들이니라(삼상 4:8).

에벤에셀 전투는 주전 11세기 중반에 벌어졌다. 블레셋인의 고백에는 당시 이스라엘 집단에 두루 퍼져 있던 엘과 야훼, 두 신이 이스라엘을 이집트로부터 구원해 냈다는 내용을 반영한다.

소 또는 송아지로 묘사된 두 신을 모신 이들이 초기 이스라엘인들 중에 있었음을 고고학적 유물을 통해 확인할 수 있다. 헷의 고고학 유물 중에는 네 마리의 소 머리 형상이 있는 도구들이 있는데, 기억을 상기하자면, 라다나 유적에서 발견된 가마솥에는 소 또는 송아지 두 마리의 머리가 부조되어 있다.[11] 라다나를 발굴한 이들의 추론에 따르면, 두 머리는 두 쌍둥이 신을 나타낸다.[12] 그러나 나는 쌍둥이 신이 아닌 아버지와 아들, 즉 황소 엘과 송아지 야훼라고 생각한다.[13]

만신전의 틀을 무효화하고 유일신 제의만을 주창한 집단의 눈에는 이런 관점이 거슬릴 수밖에 없다. 아크나톤의 종교개혁으로부터 영감을 받아 가족이 없는 유일신 사상을 가져온 레위인 계열도 같은 입장에서 반대했다. 이러한 레위인의 입장은 "누구든지 여호와의 편에 있는 자는 내게로 나아오라"(출 32:26)라는 모세의 외침과 금송아지 숭배자들을 처단한 레위인들의 행동의 배경이 됐다. 그 시기에 야훼만을 섬기는 자와 송아지 야훼와 그의 아버지 황소 엘을 숭배하는 자 사이에 대립이 있었을 것이다. 이런 배경에서 "누구든지 여호와의 편에 있는 자는 내게로 나아오라"라는 외침을 해석할 수 있다.

후대에 이르러 레위인의 비판으로 엘과 야훼가 하나의 신이 됐다. 이러한 일련의 과정이 여로보암에게 영향을 주었을 것이다. 여로보암은 고대의 종교 상징들을 되살리고 싶었지만 다른 한편으로는 자신의 제사가 한 신에게만 드려지기를 원했을 것이다. 따라서 이제는 더 이상 황소와 송아지, 엘과 그의 아들 야훼를 함께 두는 것이 불가능해졌다. 이제 황소와 송아지는 두 송아지로 대체됐다. 송아지상 하나는 이스라엘 왕국의 남쪽 경계인 벧엘에, 다른 하나는 북쪽 경계인 단에 두어 왕국 전체를 통치하시는 이스라엘의 하나님을 상징하게 됐다.

이런 변화에도 불구하고 레위인과 그들과 유사한 입장을 고수한 집단의 눈에는 못마땅했다. 아직 하나님을 짐승으로 묘사하는 문제가 남아있었기 때문이다. 고대 근동 신들이 황소나 송아지 등에 앉거나 올라탄 자로 묘사된 점을 감안한다면[14] 여로보암의 송아지들도 형상으로 나타낼 수 없는 신성을 위한 발판이라고 주장할 수 있다.[15] 몇몇 이스라엘인에게 송아지상이 그렇게 인식됐을지 모르나, 여전히 하나님으로 이해될 수 있다는 사실을 외면할 수 없다. 이것이 성서에서 여로보암의 금송아지들을 그토록 강력하게 규탄하는 이유다.

"누구든지 여호와의 편에 있는 자는 내게로 나아오라"라는 외침과 레위인들이 금송아지 숭배자들을 처형한 사건은 이스라엘 민족 내 종교적 견해가 다른 두 집단 간의 내적 대립을 보여 준다. 과연 그를 짐승의 형상으로 나타낼 수 있는지, 혹은 하나님이라고 인식되지 않을 형상으로 하나님의 임재를 나타낼 수 있는지 말이다.[16] 이 대립은 제의에서 야훼를 올바르게 묘사하는 방법에 집중한다.

출애굽기의 금송아지 이야기는 여로보암의 금송아지와 대립각을 세우고 있는데, 이미 학자들이 지적했듯이,[17] 이 이야기는 보다 고대의 전승들을 내포한다. 이 고대 요소들은 이스라엘인과 이후에 가나안 땅에 들어온 히브리 레위인 집단[18] 사이의 논쟁과 관련된다.[19] 이 논쟁의 중심에는 세 가지 질문이 있다.

히브리 레위인은 야훼가 홀로 이스라엘 자손을 이집트에서 나오게 했다고 단정한 반면, 이스라엘인 중에는 엘과 야훼 두 신이 이집트를 쳐서 이스라엘을 구원했다고 주장하는 이들이 있었다.

> 이들은 너희를 애굽 땅에서 인도하여 올린 너희의 신들이라(출 32:4, 히브리어 직역)

아크나톤의 종교에서 영향을 받은 레위인들은 오직 한 신만을 섬겨야 했다. 이에 반해 이스라엘인들은 야훼와 함께 다른 신들을 섬길 수 있다고 믿었다. 뿐만 아니라 레위인들은 아크나톤 종교와 미디안 종교의 영향을 받아 야훼를 상이나 형상으로 나타내지 못하게 했다. 이스라엘인은 야훼를 사람의 모양으로 묘사하는 것은 불허했으나[20] 야훼를 송아지 같은 짐승의 형상으로 나타내는 것은 허용했다.

십계명의 원본과 고대 사본은 이러한 대립 속에서 형성됐다.[21] 학자들은 출애굽기 20:1~14와 신명기 5:6~18의 사본들은 후대에 첨가됐고 원본은 다음과 같이 짧고 간략했을 것으로 추정한다.

> 나는 너를 애굽 땅, 종 되었던 집에서 인도하여 낸 네 하나님 여호와라.
> 나 외에는 다른 신들을 네게 두지 말라.
> 너는 자기를 위하여 새긴 우상을 만들지 말고 어떤 형상도 만들지 말라.
> 너는 네 하나님 여호와의 이름을 망령되이 일컫지 말라.
> 안식일을 지켜 거룩하게 하라.
> 네 부모를 공경하라.
> 살인하지 말라.
> 간음하지 말라.
> 도둑질하지 말라.
> 네 이웃에 대하여 거짓 증거하지 말라.
> 네 이웃의 집이나 네 이웃의 모든 소유를 탐내지 말라.

"나는 너를 애굽 땅, 종 되었던 집에서 인도하여 낸 네 하나님 여호와라"(출 20:2)라는 말씀은 "이들은 너희를 애굽 땅에서 인도하여 올린 너희의 신들이라"라는 언급에 대한 반박이다. 이 구절은 야훼만이 유일한 구원자이며 다른 신이 아닌 그분 홀로 출애굽의 주관자가 되신 다고 강조한다. 이와 같은 관점으로 호세아의 예언을 해석할 수 있다.

> 그러나 애굽 땅에 있을 때부터 나는 네 하나님 여호와라 나밖에 네가 다른 신을 알지 말 것이라 나 외에는 구원자가 없느니라 내가 광야 마른 땅에서 너를 알았거늘(호 13:4-5).

호세아도 야훼가 이스라엘 자손을 이집트에서 탈출시키고 광야에서 인도하신 유일한 구원자라고 말했다.

"나 외에는 다른 신들을 네게 두지 말라"(출 20:3)라는 말씀도 레위인과 이스라엘인 사이에서 논쟁하는 배경에서 이해할 수 있다. 이스라엘인은 야훼를 엘의 아들로 받아들였고 이 두 신을 섬기는 제사를 지지했다. 반면에 히브리 레위인은 다른 신들의 존재 자체를 부인하지 않았지만, 야훼 외에 다른 신을 숭배하지 못하게 했다. "너는 자기를 위하여 새긴 우상을 만들지 말고 …… 어떤 형상도 만들지 말며"(신 5:8)라는 말씀은 엘을 황소로, 야훼를 송아지로 형상화한 이스라엘인의 전통을 정면으로 반박한 것이다.

따라서 십계명은 광야에서 방랑하던 시기에 기록되지 않았고, 히브리 레위인들이 이스라엘에 편입된 이후 정립된 것으로 보인다. 그렇다면 이스라엘인과 레위인의 논쟁 예상 시점은 주전 12세기 말경이 된다. 아마도 레위인이 주전 1170년경 가나안 정착 이후 자신들의 사상을 십계명 돌판 위에 제정했을 것으로 보인다. 비록 당시에는 읽고 쓰는 지식이 보편적이지 않았지만, 고고학 유물들을 통해 알 수 있듯이, 글쓰기에 능통한 극소수의 사람이 있었다.

이 계명들이 시내 광야가 아닌 가나안에서 이스라엘인과 레위인이 만난 이후에 기록됐다고 보는 이유는 십계명의 안식일 계명 때문이다. 성서 학자들은 성서의 안식일(샤밧, Shabbat)과 바벨론의 '샤파투'의 관련성을 언급했다. 샤파투는 보름달이 뜨는 날이다. 이날은 특별히 달신 및 그의 주변 신들과 관련이 있으며, 바벨론 전승에는 신들의 마음이 쉬는 날로 묘사된다.[22]

샤파투는 달신 숭배의 중심지였던 하란 출신 난민인 초기 이스라엘인들의 유산으로 보인다. 그러나 이스라엘인이 레위인을 만나면서 이날은 새롭고 혁명적인 의미를 얻게 됐다. 바벨론 샤파투와 메소포타미아에서 기리는 특별한 날들은 달의 주기와 연관되어 있다. 이에 반해 성서의 안식일은 자연의 주기와 완전히 단절됐다.[23] 이 단절은 하나님께서 말씀으로 세상을 창조하셨고 자연과 우주의 법칙을 초월한다고 믿는 레위인들의 사상을 나타낸다. 그렇다면 안식일 계명은 주전 12세기에 하란 출신 이스라엘인과 레위인이 만나기 전에는 생겨날 수 없다. 또한 십계명에 안식일이 언급되어 있기 때문에 십계명은 주전 12세기 말에 기록됐다고 봐야 한다.

그러나 성서의 전승은 십계명의 기록 시기를 시내광야에서 떠돌던 시기로 정했다. 이렇다면 성서 또는 이스라엘의 역사성이 결여되는 것처럼 보이지만[24] 그 속에는 사실인 면도 있다. 이스라엘 초기 계명들의 핵심 사항은 히브리인들이 시내광야에 머물 때 만들어졌다. 히브리 레위인은 이집트에서 아크나톤의 경전을 접했고 시내광야에서 미디안 유목민들에게 영향을 받았다. 야훼를 이집트에서 구원해 낸 신으로 섬기고 다른 신들을 숭배하지 않고 하나님을 상이나 형상으로 만들지 않는 신앙은 시내광야, 히브리 레위인의 마음속에 자리하고 있다.

10장
시내산 언약

지난 장에서 우리는 십계명의 고대 버전이 가나안 정착기에 기록됐을 가능성을 살펴봤다. 성서에 따르면 이 계명들은 하나님께서 시내산에서 계시하신 법도와 언약이다. 그런데 성서에는 이런 전승에 대비되는 고대 시 전승들이 있다. 이러한 전승들의 원본에는 시내산에 특별한 의미를 부여하지 않고 하나님께서 나타나신 장소 중 하나로 여긴다. 후대에 와서야 비로소 편집자들이 고대 전승들에 시내산에서 율법을 받은 내용을 삽입했다.

우선 드보라의 노래 서두를 살펴보자.

> 여호와여 주께서 세일에서부터 나오시고 에돔 들에서부터 진행하실 때에 땅이 진동하고 하늘이 물을 내리고 구름도 물을 내렸나이다 산들이 여호와 앞에서 진동하니 저 시내산도 이스라엘의 하나님 여호와 앞에서 진동하였도다 (삿 5:4-5).

하나님께서 세일과 에돔에서 나오실 때 자연이 진동하며 난리가 난다.[1] 그런데 세일에서 오신 하나님께서는 아무 말씀도 하지 않고 그의 백성에게 명령하시지도 않는다. 5절의 '저 시내산도'라는 말은 해석하기 어렵다. 5절은 여호와 앞에 진동한 산들을 복수 형태로 언급하며 시작하지만 시내산은 단수 형태라 문장 구조상 흐름이 끊어지기 때문이다. 이와 유사한 문제가 고대 시의 평행 본문인 시편 68:7~8에 나타난다.

> 하나님이여 주의 백성 앞에서 앞서 나가사 광야에서 행진하셨을 때에 (셀라) 땅이 진동하며 하늘이 하나님 앞에서 떨어지며

> 저 시내산도 하나님 곧 이스라엘의 하나님 앞에서 진동하였나이다

고고학자이자 성서학자인 윌리엄 올브라이트(William F. Albright)[2]는 이 문제에 대한 해법으로 '저 시내산'이라는 표현이 야훼와 시내산의 연관성을 나타내는 야훼의 호칭이라고 추정했다. 그렇다면 야훼는 시내산의 하나님이시다. 올브라이트의 해석에 따르면, 사사기 5:5의 구문을 다음과 같이 끊어 주어야 한다.

> 산들이 여호와 앞에서 진동하니 저 시내 산도,
> 이스라엘의 하나님 여호와 앞에서 진동하였도다.

그러나 마이클 피시베인(Michael A. Fishbane)[3]의 주장대로 하나님 앞에 진동하는 자연에 대한 내용과 출애굽기 19:18의 시내산 현현 전승을 결합하기 위해 후대에 '저 시내산'이라는 말을 해석적으로 첨가했다고 보는 주장이 더 타당하다.

고대 시들의 원본에는 시내산이 언급되지 않았으며, 하나님의 현현으로 인한 혼돈과 땅과 산들의 진동 같은 일반적인 내용만 포함됐다. 그리고 후대 저자들은 시내산 현현 전승을 출애굽기에 간접적으로 삽입하게 됐다.[4]

하박국 3장에도 시내산이 언급되지 않았으며, 남쪽 지방에서 현현한 야훼에게 법도를 받았다는 내용도 전혀 찾아볼 수 없다.

> 하나님이 데만에서부터 오시며 거룩한 자가 바란산에서부터 오시는도다 (셀라) 그의 영광이 하늘을 덮었고 그의 찬송이 세계에 가득하도다 그의 광명이 햇빛 같고 광선이 그의 손에서 나오니 …… 영원한 산이 무너지며 무궁한 작은 산이 엎드러지나니(합 3:3-4, 6).

이 본문에도 산들의 진동과 함께 하나님께로부터 나오는 강한 빛이 강조된다. 하나님의 현현의 빛을 강조한 내용은 남쪽에서 오시는 하나님에 대한 신명기 33장의 기록에서도 찾을 수 있다.

> 여호와께서 시내산에서 오시고 세일산에서 일어나시고
> 바란산에서 비추시고 일만 성도 가운데에 강림하셨고
> 그의 오른손에는 그들을 위해 번쩍이는 불이 있도다(신 33:2).

이 본문에 언급된 시내산은 하나님께서 나타나시는 장소 중 하나일 뿐이다. "그의 오른손에는 그들을 위해 번쩍이는 불이 있도다"(מימינו אשדת למו)라는 문장은 성서의 '쓰기' 전승에 따른 것이다. '읽기' 전승에 따르면 אשדת를 אש(불), דת(신앙, 종교, 제의)로 띄워 읽는다. 젤리그만과 피시베인의 주장대로 이 읽기 전승은 후대 해석이다.[5] אשדת를 시리아어 אשד와 관련해 풀어보면 흐름, 풍부라는 뜻이며 간혹 쏟아지는 빛을 나타내기도 한다.[6] 하나님의 오른손에서 나오는 빛의 묘사는 "광선이 그의 손에서 나오니"(합 3:4)를 떠올리게 한다. 이런 띄어쓰기 전승은 시내산 율법 수여를 암시하려는 시도로 보인다. 학자들의 주장에 따르면, "모세가 우리에게 율법을 명령하였으니 곧 야곱의 총회의 기업이로다"(신 33:4)라는 구절 또한 모세가 율법을 받은 내용을 고대 전승인 야훼의 시내산 현현 내용과 결합하고자 후대 편집자가 첨가한 것이다.[7] 이런 2차 편집의 흔적은 신명기 33장의 운율과 어구의 부조화로 남아 있다. 바로 이전 구절과 다음 구절의 주어가 3인칭인 반면, 4절에는 1인칭 '우리에게'를 사용한다.

간단히 말하면 고대 시들에는 남쪽 지방에서 나타나시는 야훼를 묘사하면서, 야훼로 인해 진동하는 자연과 하나님으로부터 번쩍이는 빛이 강조된다. 이 본문들의 원본에는 시내산에 대한 특별한 언급도, 하나님으로부터 법도를 받는 내용도 없으며 시내산에서 언약을 맺는 의식의 흔적도 보이지 않는다. 성서 주석가 아브라함 에벤 에즈라가 밝혔듯이[8] 시내산에서의 현현과 법도 전수라는 토라 전승을 이러한 시적 전승들과 연관시킬 수 없다. 시내산과 이와 관련된 법도와 율법의 전수는 오직 후대의 첨가로 성서 안에 들어가게 됐다.

흥미로운 사실은 오경에서 하나님의 시내산 현현에 관한 고대 전승을 찾아볼 수 있다는 것이다. 그 안에는 법도를 전하거나 언약을 맺는 내용이 전혀 없다. 이 경우에도 후대 편집자가 고대 전승 안에 법도를 받는 요소와 언약을 맺는 의식을 끼워 넣어 전수했다. 출애굽기 24장은 모세가 받은 지시로 시작한다. "너는 아론과 나답과 아비후와 이스라엘 장로 칠십 명과 함께 여호와께로 올라와 멀리서 경배하고"라는 지시는 9~11절까지 이어진다.

> 모세와 아론과 나답과 아비후와 이스라엘 장로 칠십 인이 올라가서 이스라엘의 하나님을 보니 그의 발 아래에는 청옥을 편 듯하고 하늘같이 청명하더라 하나님이 이스라엘 자손들의 존귀한 자들에게 손을 대지 아니하셨고 그들은 하나님을 뵙고 먹고 마셨더라(출 24:9-11).

모세와 아론, 나답과 아비후 그리고 이스라엘 장로 70명이 '야훼에게로', 야훼가 임재하는 산으로 올라갔다. 하나님께서 그들 앞에 나타나시고 그들은 그의 발이 올려져 있는 화려한 발등상을 봤다. 하나님을 본 자는 반드시 죽게 되는 성서의 다른 전승들과는 달리[9] 여기서는 하나님께서 이 지도자 무리를 치지 않으셨다. 이들은 자신 앞에 현현하신 하나님을 뵙는 중에 먹고 마시기도 했다. 하나님께서는 이 무리가 자신을 바라보는 것에 대해 아무 말씀도 하지 않으셨다. 심지어 이 본문에서는 하나님께서 법과 계명을 주셨는지 여부도 알 수 없다. 어쩌면 이 만찬의 목적은 장로들이 하나님의 권위를 받아들이게 하는 데 있을지 모른다. 이와 유사한 기록이 열왕기에도 있다. 아도니야의 지지자들은 그의 앞에서 먹고 마시며 "아도니야 왕은 만세수를 하옵소서"(왕상 1:25)[10]라고 외쳤다. 이 이야기는 시내에서 히브리 레위인 지도층이 거행한 의식을 반영한 역사의 기억이다. 이 의식이 바로 '샤쑤의 땅'(6장 참고)에서 히브리인들이 야훼 하나님의 주권을 인정하는 의식이었을 것으로 보인다.[11]

이런 의식에 관한 조금은 특이한 기록이 출애굽기 24:3~8에 숨겨져 있다.[12] 이 구절들 때문에 이야기가 끊어지며 완전히 다른 전개가 이루어진다.

> 모세가 와서 여호와의 모든 말씀과 그의 모든 율례를 백성에게 전하매 그들이 한 소리로 응답하여 이르되 여호와께서 말씀하신 모든 것을 우리가 준행하리이다. 모세가 여호와의 모든 말씀을 기록하고 이른 아침에 일어나 산 아래에 제단을 쌓고 이스라엘 열두 지파대로 열두 기둥을 세우고 이스라엘 자손의 청년들을 보내어 여호와께 소로 번제와 화목제를 드리게 하고 모세가 피를 가지고 반은 여러 양푼에 담고 반은 제단에 뿌리고 언약서를 가져다가 백성에게 낭독하여 듣게 하니 그들이 이르되 여호와의 모든 말씀을 우리가 준행하리이다 모세가 그 피를 가지고 백성에게 뿌리며 이르되 이는 여호와께서 이 모든 말씀에 대하여 너희와 세우신 언약의 피니라(출 24:3-8).

하나님께서 침묵하시고 율법에 관한 어떠한 언급도 없는 다른 원시 의식과는 달리, 여기에는 의식의 중심에 야훼의 말씀이 있다. 제단 위와 열두 지파를 상징하는 열두 돌 위에 피를 뿌리는 방식으로 야훼와 이스라엘이 언약을 맺고 연합했다. 이 언약은 모세가 하나님께 받은 법도와 규례를 이스라엘이 준행하도록 의무화했다.

남방에서 오시는 하나님의 현현을 나타내는 시들과 이스라엘의 지도자들 앞에 현현하신 하나님을 언급하는 출애굽기 24장의 초본과 같은 고대 전승들에는 법규 전수와 언약 체결에 대한 내용이 없다. 법규를 전수하고 언약을 체결하는 내용은 후대 편집자들의 작업을 통해 야훼의 시내산 현현 및 남쪽 지방에서의 현현과 합쳐졌다.

시내산의 법규와 율법 전수 그리고 언약 체결에 관한 전승을 2차 자료로 본다면, 9장에서 주장했듯이, 십계명의 고대본은 시내가 아니라 이스라엘 땅에서 기록됐다.

야훼와 이스라엘이 시내산에서 언약을 맺지 않았다는 중요한 증거가 토라의 제사장 문서에 나타난다. 시내산 언약을 언급하는 토라의 다른 전승들과 달리 제사장 문서에는 시내산 현현과 관련해 '언약'이라는 단어가 사용되지 않는다. 학계에서는 이에 관한 여러 해석을 내놓았다.[13] 하지만 그 이유는 생각보다 간단했다. 레위 지파 제사장이 히브리 레위인 조상으로부터 전수받은 고대 역사 전승에는 시내산에서 야훼가 현현했을 때 그 어떤 언약도 체결되지 않았다는 역사적 사실이 보존되어 있기 때문이다.

이것이 사실이라면 하나님을 법 제정자로 보는 사상이 나온 배경은 무엇이며, 하나님께서 그의 백성에게 법도를 가르치며 지키도록 언약을 맺으시는 이유는 무엇인가? 왜 법규와 언약이 원시 시내산 전승들에 '끼어들었을까'? 성서의 전승과 종교 속에 이러한 요소들이 생겨난 배경은 하란에서 들어온 초기 이스라엘인들과 관련이 있다.

주전 2000년경 소아시아에 존재했던 헷 왕국의 통치자들은 인근 지역 국가의 왕들과 동맹조약을 많이 맺었다. 대부분의 조약은 봉신왕들과 체결됐다. 위급할 때 헷이 보호해 주는 대가로 헷의 통치자에게 충성할 의무가 부여됐다. 성서학자 조지 멘덴홀(George E. Mendenhall)은 이러한 조약들이 기록된 헷 문헌과 야훼와 그의 백성이 맺은 언약이 기록된 성서 자료 사이에 유사점이 많음을 짚었다.[14] 헷의 조약 문헌 서두에는 헷의 통치자의 이름과 칭호가 나오며, 과거에 통치자가 봉신왕의 왕가에 베풀어 준 은총을 기록한 역사 서론이 이어진다. 역사 서론 다음에는 봉신왕에게 부과된 조공의 세부 목록이 나온다. 조약의 나머지 부분에는 조약 문서를 신전에 놓고 주기적으로 대중 앞에서 읽으라는 규정과 이 조약의 증인들인 신들의 명단이 나온다. 끝으로 봉신왕이 조약의 조항을 잘 이행했을 때 받게 될 축복과 조약을 깰 경우 받게 될 저주와 심판이 언급되어 있다. 완벽한 형식은 위와 같지만 실제 이 모든 요소를 갖춘 문헌은 많지 않다. 멘덴홀은 성서가 야훼와 이스라엘 백성의 관계에 헷의 조약 형식을 도입했다고 주장했다. 봉신왕이 헷의 절대자에게 충성을 바치고 조항들을 지켜야 했듯이, 이스라엘 또한 야훼에게 충성을 다하고 규례들을 엄수해야 했다.

멘덴홀은 이와 같은 관점에서 십계명을 해석해야 한다고 봤다. 헷의 지존자가 조약의 서두에 등장하듯이 야훼는 십계명 서두에서 자신을 "나는 네 하나님 여호와"라고 소개한다. 헷 통치자가 서론에서 봉신왕이나 그의 조상들에게 베푼 은혜들을 나열한 것처럼 야훼는 이스라엘에게 종 됐던 집, 이집트에서 자신이 인도해 냈다고 말한다.

더불어 멘덴홀은 헷 조약의 조항들이 형식이 특별하고 독특한 성서 법들의 근원이라고 봤다. 알브레히트 알트(Albrecht Alt)의 연구를 따라[15] 성서학에서는 일반적으로 성서법을 명백형(apodictic)과 정밀형(casuistic)으로 구분한다. 명백형 법은 야훼가 이스라엘 자손에게 "너는 나 외에는 다른 신들을 네게 두지 말라"(출 20:3)와 같이 2인칭으로 말하는 법들이다. 반면 정밀형 법은 해당 법과 관련된 상황을 묘사한 다음 "사람이 돈이나 물품을 이웃에게 맡겨 지키게 하였다가 그 이웃집에서 도둑을 맞았는데 그 도둑이 잡히면 갑절을 배상할 것이요"(출 22:7)와 같이 법을 지켜야 할 사람을 3인칭 단수형으로 명시한다. 고대 근동의 법조문들은 정밀형으로 기록되어 있지만 하나님께서 직접 명하시는 법은 명백형으로 기록되어 있다. 이것은 성서에서만 발견되는 독특한 형태이다.

헷 문헌에서 봉신왕에게 부과된 조항 중 몇몇 경우는 헷의 통치자가 "너는 나에게 충성하고 이렇게 하라. 저렇게 하지 말라"와 같이 2인칭으로 직접 봉신왕에게 말하는 명백형으로 기록되기도 한다.[16] 이런 규정들은 주로 정부 관리나 군 지휘관, 신전 제사장들에게 지침으로 내려졌다. 이 규정들은 '계약'이라고도 불렸다.[17] 멘덴홀과 그의 영향을 받은 모셰 바인펠트(Moshe Weinfeld)도 이것이 명백형 성서법의 기원이라고 주장했다.[18] 성서는 하나님을 이스라엘 백성과 계약을 체결하는 통치자로 세웠고 백성은 하나님의 봉신으로 두었다. 헷의 통치자가 봉신왕에게 직접 규정을 말하고 명령하는 것처럼 하나님도 이스라엘 자손에게 2인칭으로 말씀하시고 명령하신다.

> 너는 나 외에는 다른 신들을 네게 두지 말라 너를 위하여 새긴 우상을 만들지 말고 어떤 형상도 만들지 말며 …… 안식일을 기억하여 거룩하게 지키라 …… 네 부모를 공경하라.

멘덴홀의 학설은 성서학 연구에 지대한 영향을 끼쳤지만 여러 반론이 제기되기도 했다. 하나는 언약 체결 의식과 제의 의식 사이의 연관성에 대한 비판이었다. 출애굽기 24장에 '끼워 넣은' 의식에서 봤듯이 언약 체결에는 소를 도살해 피를 뿌리는 행위가 동반됐다. 야훼와 아브라함이 언약을 맺는 창세기 15장의 묘사에도 각을 뜬 짐승들 사이로 지나가는 의식이 나온다. 이런 의식 행위는 이 언약이 유효하다는 것을 보여 준다.[19] 어쩌면 언약 체결(כרת ברית)이라는 단어들의 조합은 의식을 거행할 때 짐승의 머리나 몸을 절단하는 데서 유래했을지 모른다(כרת는 '베어내다', '잘라내다', '절단하다'라는 뜻이다). 이런 전통의 흔적이 북시리아에서 나타나지만[20] 헷 문헌들에서는 거의 다 사라졌다.

멘덴홀을 비판하는 또 다른 주장은 헷 문헌들과 성서에 언급되는 저주와 축복의 분량 차이를 지적한다. 헷 문헌들에는 분량이 아주 짧은 반면, 성서의 특정 자료들에는 분량이 매우 방대하다.[21] 이처럼 확장된 저주와 축복을 아람과 앗수르 문헌들에서 찾을 수 있으나 성서의 몇몇 본문에 나타나는 언약의 역사 서론이 앗수르 문헌들에서는 거의 나오지 않는다.

그러나 이스라엘 형성의 주된 집단의 기원에서 앞선 문제를 해결할 수 있는 단초를 얻을 수 있다. 앞서 주장한 대로 이스라엘인의 다수 집단은 북시리아에서 왔다. 이 지역의 동쪽에는 앗수르가, 서쪽에는 헷 왕국이 있어서 계약과 관련된 여러 요소가 결합되기도 했다. 주전 17세기 북시리아의 도시 알랄라흐에서 발견된 계약 문헌에는 성서와 유사한 역사 서론이 나온다.[22] 이미 언급했듯이 북시리아의 제의 문헌들에는 계약을 체결할 때 짐승을 잡아 각을 뜨는 내용이 있다. 끝으로 축복과 저주 모티프도 시리아에서 널리 알려지고 익숙한 것이었다. 스피레라는 도시에서 발견된 아람 문헌들에는 이런 내용이 상세하게 기록되어 있다.[23] 비록 이것들이 초기 이스라엘인이 하란에서 나온 시점보다 몇백 년 후의 자료이지만 이 전통이 이미 수백 년 전부터 북시리아에서 있었다는 것을 간접적으로 확인할 수 있다. 초기 이스라엘인이 그곳을 나오기 전까지 하란은 미탄니 왕국의 일부였다. 헷 통치자와 미탄니 왕의 계약 문헌에는 유독 축복과 저주문이 길다.[24] 미탄니 왕국에서는 계약할 때 내용을 부연 설명하고 확장하는 것이 일반적인데, 아마도 헷 통치자는 자신의 방식에서 벗어나 미탄니의 방식을 모방했다고 볼 수 있다.

그러므로 초기 이스라엘인이 하란에서 나오기 전(주전 1270년경) 북시리아의 전통적인 계약 방식이 성서의 독특한 언약 형식에 대해 가장 타당한 설명을 제공한다.[25]

이런 관점에서 계명을 전수하고 계약을 체결하는 의식과 고대 전승인 시내와 남쪽 지방의 야훼 현현 전승과 합쳐진 배경을 이해할 수 있다. 이 전승들의 원시 자료는 시내 히브리 레위인 집단의 인식과 역사적 기억을 반영한다. 고대 시들은 야훼의 현현을 하나님께서 자연을 요란하게 휘몰아치는 모습으로 묘사했다. 반면 출애굽기 24장의 고대 전승은 이 지방 유목민들에게 익숙한 전통에 따라 집단의 지도자들이 야훼 앞에서 만찬을 갖는 모습으로 현현을 보다 차분하게 묘사했다. 이 전승들의 원본에는 하나님의 법 전수와 언약 체결이 포함되지 않았지만 히브리인들이 가나안 땅으로 들어올 때 전승들이 함께 들어왔다. 이곳에서 히브리인들은 북시리아의 계약 전승을 가지고 온 하란 난민들을 만났다. 고대 이스라엘을 형성한 여러 집단에 의해 남쪽 사막 지방에서 히브리인들에게 현현한 신 야훼가 이스라엘의 하나님으로 받아들여졌다.

고대 이스라엘을 구성한 집단들은 군주제 문화권에서 왔다. 그중 히브리인은 파라오가 통치한 이집트에서 왔다. 가나안 땅은 파라오의 봉신왕들이 다스렸다. 하란 난민은 미탄니 왕국에서 왔다. 가나안 정착기에 산악 지역에서 발생한 혼란으로 인해 초기 이스라엘인들의 정착 중심지는 무정부 상태였다. 고대 이스라엘은 주변 이방 나라들과는 달리 자신들의 왕을 세우지 않았으며 오직 야훼를 자신들의 왕으로 선택했다. 이로써 북시리아에서 인정되던 왕권 규범들이 야훼와 그의 백성의 관계에 도입됐다. 남쪽 지방에서 온 야훼 신이 가나안 땅에 정착한 이스라엘 민족과 계약을 체결하는 통치자가 됐다. 이렇게 이스라엘은 야훼의 봉신이 됐다. 하나님의 직접적인 계명 중 일부는 헷 통치자가 봉신왕과 계약을 맺는 형식을 본떠 제작됐다.

북시리아에서 온 언약과 법적 요소들은 레위인이 남쪽 사막에서 가져온 야훼에 관한 고대 전승과 결합됐다. 이 결합이야말로 이스라엘의 '용광로'의 뚜렷한 활동 흔적이며 그 속에서 현재 토라의 시내산 야훼 현현 이야기가 탄생했다. 이것은 레위인들이 가져온 고대 시 전승에서 인용된 자연을 요동하게 하는 야훼의 현현과 하란 난민들의 계약 및 법 전승이 하나로 어우러진 산물이다. 이렇게 야훼가 우레와 같은 음성으로 시내산으로 내려와 그의 백성에게 법도를 전해주며 그들과 언약을 맺는 혼합 전승이 생겼다.

11장

세겜 언약 :
어떻게 이스라엘이 야훼의 백성이 됐을까

여호수아 24장에는 세겜에 집결한 이스라엘 지파들이 야훼와 언약을 맺는 이야기가 나온다. 헷 계약 문헌처럼, 여기도 긴 역사 서론이 나온다. 그 내용은 야훼가 이스라엘에게 베푼 은혜와 구원에 대한 기록이다. 여호수아는 역사를 간략하게 서술한 뒤 백성에게 야훼 또는 다른 신들 중 하나를 선택하도록 제안했다. 이에 백성이 다음과 같이 대답했다.

> 우리가 결단코 여호와를 버리고 다른 신들을 섬기기를 하지 아니하오리니 이는 우리 하나님 여호와께서 친히 우리와 우리 조상들을 인도하여 애굽 땅 종 되었던 집에서 올라오게 하시고(수 24:16-17).

그런데 의외로 여호수아는 백성의 결정을 반기기보다 야훼를 선택했을 때 따라올 위험들을 경고했다.

> 너희가 여호와를 능히 섬기지 못할 것은 그는 거룩하신 하나님이시요 질투하시는 하나님이시니 너희의 잘못과 죄들을 사하지 아니하실 것임이라만일 너희가 여호와를 버리고 이방 신들을 섬기면 너희에게 복을 내리신 후에라도 돌이켜 너희에게 재앙을 내리시고 너희를 멸하시리라(수 24:19-20).

야훼는 거룩하신 하나님이시며 그 거룩함은 질투로 나타난다. 하나님의 질투에 대해서는 13장에서 심도 있게 다룰 것이다. 우선 야훼를 질투하시는 하나님으로 묘사한 것은 섬기는 자들에게 오직 그에게만 충성하라고 요구하기 위한 것이라고만 기억하자. 만약 이 명을 어기고 다른 신들을 섬기면 하나님께서 재앙을 내리실 것이다.

여호수아의 경고에도 개의치 않고 백성은 야훼를 섬기기로 맹세했다. 이에 여호수아는 백성과 언약을 맺는다.

> 그날에 여호수아가 세겜에서 백성과 더불어 언약을 맺고 그들을 위하여 율례와 법도를 제정하였더라 여호수아가 이 모든 말씀을 하나님의 율법책에 기록하고 큰 돌을 가져다가 거기 여호와의 성소 곁에 있는 상수리나무 아래에 세우고 모든 백성에게 이르되 보라 이 돌이 우리에게 증거가 되리니 이는 여호와께서 우리에게 하신 모든 말씀을 이 돌이 들었음이니라 그런즉 너희가 너희의 하나님을 부인하지 못하도록 이 돌이 증거가 되리라 하고(수 24:25-27).

여호수아 24장의 기록 시기에 대한 의견이 분분하다. 고대 기록으로 보는 이들이 있는가 하면 후대로 추정하는 이들도 있다. 이 본문의 문학적 구조에 대해 어떤 이들은 여러 자료를 하나로 묶은 복합적인 텍스트라고 주장하지만, 다른 이들은 단 하나의 자료에 의한 단일(homogeneous) 기록이라고 보기도 한다.[1] 이런 주장들의 신뢰성 여부는 차치하더라도, 본문이 설령 현재 형태로 후대에 기록됐다고 할지라도 고대 요소들을 보존하고 있을 수 있다.[2] 예를 들어 여호수아가 세겜에서 야훼의 명령을 들은 증거로 제단에 돌을 세우는 장면은 돌에 생명을 불어넣는 원시 사상의 흔적이다. 큰 돌은 주상을 의미하는데, 이것은 주상을 세우지 말라는 신명기의 법과 명백히 대치된다(신 16:22). 실제 세겜 성소의 제단에서 석상이 발견되기도 했다.[3]

어쨌든 여호수아 24장에는 토라의 전통과 대치되는 특이한 요소들이 나타난다. 여호수아 24장 서론에 나오는 역사 요약에는 시내에서 법도를 받고 언약을 맺은 내용을 전혀 찾아볼 수 없다. 5절에 모세와 아론이 짤막하게 언급되지만, 중요한 필사본인 고대 칠십인역에는 이들의 이름마저 빠져 있다. 이 점을 고려하면 모세와 아론의 부재가 불편했던 후대 편집자들이 이름을 첨가한 것으로 보인다.[4] 중심 인물인 여호수아는 세겜 언약의 주체인 동시에 백성에게 율례와 법도를 정한 제정자로 묘사된다(수 24:25). 더불어 그 다음 구절에 여호수아가 이 모든 말씀을 '하나님의 율법책'에 기록했다고 한다. 이것은 모세가 율법책을 기록했다고 여기는 토라 전승과 반대된다. 본 장에 따르면 세겜 언약 전까지는 이스라엘 자손이 야훼를 섬기는 것이 의무이지는 않았다고 볼 수 있다. 시내산 또는 모압 평지에서 야훼와 이스라엘이 언약을 맺지 않았다는 전제가 세겜 언약에 흐르는 것처럼 보인다. 다시 말하면 여호수아 24장은 토라의 시내산 언약 전승과 전적으로 대치되는 전승에 기반한다.

10장에서 시내산 언약과 율례와 법도에 관한 토라의 전승은 하란 난민이 가져온 요소와 히브리 레위인들의 고대 전승이 합쳐진 비역사적인 전승이라고 정리했다. 과연 세겜에서 여호수아가 맺은 언약의 전승은 역사적일까?

이에 대한 답은 역사적 여호수아로 거슬러 올라가야 한다. 토라 전승에는 모세와 그의 수제자이자 수종자인 여호수아가 하나님의 계명이 새겨진 돌판을 받기 위해 함께 시내산에 올라갔다고 기록한다(출 24:12-13, 33:11, 민 11:28). 앞서 이야기한 것처럼 이 내용이 역사적 사실을 투영하고 있다고 보기는 어렵다. 그런가 하면 여호수아가 출애굽한 사람들에 속하지 않았다고 보는 주변 전승도 있다. 이에 따르면 그는 모세를 전혀 알지도 못하고 알 수도 없다. 역대상 1~9장에는 이스라엘 지파들의 계보가 나온다. 에브라임 지파의 계보에는 다음과 같은 내용을 볼 수 있다.

> 에브라임의 아들은 수델라요 그의 아들은 베렛이요 그의 아들은 다핫이요 그의 아들은 엘르아다요 …… 그들이 가드 원주민에게 죽임을 당하였으니 이는 그들이 내려가서 가드 사람의 짐승을 빼앗고자 하였음이라 그의 아버지 에브

> 라임이 여러 날 슬퍼하므로 그의 형제가 가서 위로하였더라 그리고 에브라임이 그의 아내와 동침하매 임신하여 아들을 낳으니 그 집이 재앙을 받았으므로 그의 이름을 브리아라 하였더라 에브라임의 딸은 세에라이니 그가 아래 윗 성 벧호론과 우센세에라를 건설하였더라 브리아의 아들들은 레바와 레셉이요 레셉의 아들은 델라요 그의 아들은 다한이요 그의 아들은 라단이요 그의 아들은 암미훗이요 그의 아들은 엘리사마요 그의 아들은 눈이요 그의 아들은 여호수아더라(대상 7:20-27).

기록된 대로라면 에브라임과 그의 아들들이 이집트가 아닌 이스라엘 땅에 살았음을 알 수 있다. 이 내용은 에브라임이 이집트에서 태어나고 살았다는(창 41:52, 48:1) 토라 전승과는 분명히 다르다.[5] 이 전승에 따르면 여호수아가 모세의 제자와 수종자가 될 수 없음은 확실하다.

여호수아는 이집트를 탈출한 무리에 포함되지 않았으며 모세를 전혀 알지 못했을 것으로 보인다. 여호수아는 하란에서 온 난민 그리고 그들과 섞인 가나안인으로 이루어진 이스라엘 집단의 지도자 중 하나였을 것이다. 여호수아 24장의 전승은 세겜에서 거행된 언약식의 역사적 기억을 투영하고 있다. 초기 이스라엘인은 히브리 레위인들이 가져온 종교 사상, 즉 야훼만을 섬기는 유일신 신앙 그리고 하나님을 상과 형상으로 나타내는 것을 금하는 사상을 받아들였을 것이다.

물론 이런 종교 의식이 있었지만 이후로도 이스라엘인은 다른 신들을 숭배하는 것을 중단하지는 않았다. 앞의 장들에서 봤듯이, 야훼를 가나안의 만신전으로 접목하고자 한 여러 시도는 그를 섬기면서 동시에 다른 신들도 숭배하고자 한 것이다. 그러나 이후 야훼가 모든 이스라엘인들의 최고신이 됐다. 세겜에서 맺은 언약으로 인해 이스라엘이 '야훼의 백성'이 된 것이다.

세겜에서 맺은 언약의 전승은 신명기에도 나타난다.

> 네 하나님 여호와께서 네가 가서 차지할 땅으로 너를 인도하여 들이실 때에

> 너는 그리심산에서 축복을 선포하고 에발산에서 저주를 선포하라(신 11:29, 신 27:1-26, 수 8:30-35 참조).

여호수아 24장에 언약을 맺는 내용이 역사적 서론으로 시작하는 반면, 신명기의 전승은 언약에 잇댄 축복과 저주에 중점을 두고 있다. 세겜의 역사적 언약은 하란 난민이 가져온 계약 양식에 따라 거행됐을 것으로 보인다. 저술가 미카 요세프 베르디쳅스키(Micha Josef Berdyczewski)의 견해를 따르면⁶ 시내 언약이 아닌 세겜 언약이야말로 이스라엘 민족의 정신을 확립한 사건이다. 후대로 가면서 세겜 언약 전승은 뒤로 밀려났고, 언약 체결과 무관한 남쪽 지방의 야훼 현현 전승과 합쳐졌다.

세겜 언약에서 여호수아는 제정자 그리고 율법책을 기록하는 자로 언급됐다. 앞서 말했듯이, 성서의 법규 속에 나타나는 특이한 형식으로 하나님께서 백성에게 직접 말씀하는 명백형 법은 헷 조약의 서술 형식에 기초한다. 세겜 언약에서 야훼가 이스라엘에게 직접 명하는 형식도 이에 속한다고 볼 수 있다. 정착 시기 글을 읽고 쓰는 지식이 어느 정도 있었다면 언약과 법규가 책으로 기록됐을 것이다. 이 경우도 마찬가지로 세겜은 시내로, 법을 제정하고 책에 기록한 여호수아의 활동은 모세라는 인물에게 투영돼 버렸다.

성서학자 게르하르트 폰 라트(Gerhard von Rad)는 시내산 언약과 율법 전승은 세겜에서 매년 야훼와 백성 간 언약을 갱신하는 연례 의식에 기반한다고 단언했다.⁷ 하지만 오늘날 남아 있는 이런 의식의 증거들은 충분하지 않다. 세겜 언약 전승은 일회적인 역사 사건이며 언약식에서 이스라엘인은 여호수아의 지도하에 야훼 신앙을 받아들였다. 폰 라트는 성서 전승의 초기에는 언약을 체결하고 율법을 받는 전승이 야훼가 베푼 구원의 역사를 설명하는 전승과 완전히 분리되어 있었다고 주장한다. 하지만 나는 그렇게 생각하지 않는다. 여호수아 24장과 십계명에서는 법 제정에 앞서 하나님의 구원의 역사를 언급하는데, 이는 북시리아와 헷 왕국의 계약 전승에서 익숙한 형식이다. 반면 폰 라트가 지적했듯이[8] 남쪽에서 나오는 하나님으로 묘사하는 고대 시들에는(신 33장, 삿 5장) 출애굽 구원 사건, 즉 역사적 구원과 언약 및 율법에 관한 부분을 포함하지 않았다고 볼 수 있다.

세겜 언약의 핵심은 이스라엘이 야훼를 자신들의 하나님으로 선택한 것이다. 그들은 어떠한 강제도 없이 자유의지로 이런 선택을 했다. 여호수아는 야훼와 이스라엘의 첫 언약을 성사시켰고 야훼의 계명을 책에 기록했다. 시간이 흐른 뒤 이 요소들이 모세와 연결됐다. 그런데 모세가 처음으로 언약을 체결하거나 법을 제정하지도 않았다면 그가 어떻게 성서의 전승에서 핵심적인 위치에 있게 됐을까? 이 질문에 대해 다음 장에서 답해 보겠다.

מאין באנו

12장
모세 종교에서 성서 종교로

모세의 신앙과 종교 개혁의 중요한 단서가 성서에 보존되어 있다. 이는 이집트에서 나온 히브리 레위인 집단의 인식을 잘 보존하고 있는 제사장 문서에서 찾을 수 있다. 레위인이 출애굽한 시점부터 제사장 문서가 오늘과 같은 형태로 기록된 시점까지 수많은 세대가 지났지만 여전히 거기에는 모세의 종교 인식들이 보존되어 있을 것으로 보인다.

제사장 문서[1]는 두 번의 현현 시기를 분명하게 구분하는 데 중점을 둔다. 첫 번째 현현은 창조 때와 족장 시대이며, 두 번째는 모세의 시대이다. 창세기와 족장들의 시대에는 하나님께서 '엘로힘'과 '엘 샤다이'라는 명칭으로 자신을 나타내셨다. 하나님께서는 피조물, 특별히 인간과의 친밀함을 유지하셨다. 제사장 문서에는 하나님께서 세상과 사람을 만들고 마치 사람처럼 생태계를 유지·보살피고(창 1:29-30) 인간의 도덕적 행동을 관리하셨다. 홍수 심판의 제사장 전승에는 하나님께서 온 세상과 특별히 인간을 심판하시는 분으로 묘사되는데 그 이유는 땅이 부패했기 때문이다(창 6:11). 고대 시기, 하나님께서는 의인화되는데 창세기 1:26~27에는 인간이 하나님의 형상으로 창조됐다는 사상이 반영됐다. 제사장 문서는 이런 의인화를 통해 원시 시대에 하나님과 인간이 친밀했음을 나타냈다.

모세가 역사의 무대에 등장하면서 하나님의 새로운 이름 '야훼'가 변화의 상징이 됐다. 제사장적 사상에서 이 명칭은 창세기와 족장들의 시대에는 알려지지 않았다. 하나님께서 모세에게 이렇게 말씀하신다.

> 나는 여호와이니라 내가 아브라함과 이삭과 야곱에게 전능의 하나님으로 나

타났으나 나의 이름을 여호와로는 그들에게 알리지 아니하였고(출 6:2-3).²

하나님께서는 모세에게 처음으로 노아, 아브라함, 이삭, 야곱에게 알려 주지 않았던 자신의 특별한 명칭을 알려 주셨다. 그렇다면 이 본질은 무엇이고, 아담과 노아와 족장들에게 나타나신 하나님과 무엇이 본질적으로 다른 것일까?

야훼라는 이름의 신적 본질은 인간에 속하지 않으며 인간의 속성들로부터도 초월한다. 제사장 문서의 야훼는 의인화되지 않는다. 야훼의 눈, 야훼의 손과 같은 신체적인 특징들이 나타나지 않는다. 신체적인 부분뿐만 아니라 개인적이고 심리적인 측면도 언급되지 않는다. 야훼 명칭과 관련된 하나님의 분노나 질투의 내용도 없다.

제사장 문서와 성서의 다른 자료들 사이의 간극을 알아보기 위해서 하나님의 진노의 의인화된 묘사를 담은 "여호와 하나님이 웃사가 잘못함으로 말미암아 진노하사 그를 그곳에서 치시니 그가 거기 하나님의 궤 곁에서 죽으니라"(삼하 6:7)라는 본문과 제사장 자료인 레위기에서 나답과 아비후의 죽음을 묘사하는 "불이 여호와 앞에서 나와 그들을 삼키매 그들이 여호와 앞에서 죽은지라"(레 10:2)라는 본문을 비교해 볼 필요가 있다. 제사장 문서는 하나님의 징계에 대해 인간적이거나 감정적인 묘사는 배제했다. 전반적으로 하나님에 관한 명확한 선언도, 어떤 특징에 대한 묘사도 없다. 심지어 성서에서 흔하게 사용되는 '거룩한'(קדוש)과 같은 형용사도 제사장 문서에는 보이지 않으며 어떠한 활동이나 행위를 암시하는 표현도 볼 수 없다. 같은 맥락에서 야훼가 용서했다는 말 대신 죄를 용서받았다는 표현을 사용한다(레 4:20, 26, 31, 35, 5:10, 13, 16, 18, 6:7). 야훼가 죄인을 끊어버린다고 말하지 않고, 죄인은 끊어진다고 말한다(출 30:33, 38, 레 7:20-21). 이처럼 야훼가 모세에게 성막과 성물들의 양식을 보여 줬다고 말하지 않고, 그 양식이 그에게 '보인다'라고 표현한다(출 25:40, 26:30). 여기에는 야훼의 직접적인 활동을 언급하지 않으려는 의도가 있다. 그와 유일하게 연관된 활동은 말하고 부르고 명령해 계명을 주는 행위뿐이다. 창세기의 하나님과 모세의 하나님으로 나뉘는 두 부류의 신성은 제사장 문서에서 매우 엄격하게 구별된다. 야훼 이름이 등장한 직후부터 그 이전의 명칭들은 사라지고 더 이상 사용되지 않는다. 제사장 문서에서 엘로힘과 야훼는 같이 나오지 않는다. 이들이 서로 근원적으로 구별된 두 개의 신성을 상징하고 있기 때문이다.

두 경우의 현현 내용도 서로 극명하게 다르다. 엘로힘과 엘 샤다이 명칭은 계명 및 도덕적 행동과 관련 있다. 반면 야훼와 관련해서는 도덕적 내용이 전혀 나오지 않는다. 야훼 명칭이 상징하는 신성은 도덕법 제정이나 그에 준한 삶을 주관하는 것과는 거리가 멀다. 이를 고려하면 속건제를 드리는 규례(레 6:1-7)는 도덕과 제의 문제를 동시에 다루고 있다는 점에서 매우 특이하다. 이웃의 물건을 훔치거나 착취한 도덕적 범죄 외에도 거짓 맹세한 종교적 죄를 함께 다루고 있는 것은 제사장들이 도덕 사례와 종교 사례를 함께 다룬 유일한 경우이다. 그들은 범법자로 하여금 피해자의 소유를 돌려주도록 명했다. 하지만 그마저도 도덕적 문제가 아니라 거짓 맹세처럼 제의적인 해석 때문에 다룬 것이다.[3]

제사장들이 이런 사례들을 외면한 이유가 도덕적 무관심에서 비롯된 것이 아님을 짚고 넘어갈 필요가 있다. 제사장 학파에 따르면 원시시대에는 도덕적 측면이 중심이었다. 앞서 이야기한 것처럼 창세기에는 하나님께서 피조물의 도덕적 행위를 살펴보고 그들이 명령을 어기면 징벌하셨다(창 6:11-13). 반면에 모세의 하나님께서는 도덕뿐만 아니라 섭리와 보상과도 단절되셨다. 제사장의 제의에는 인간에게 복을 가져다줄 목적으로 행한 의식을 전혀 찾아볼 수 없다. 또한 제사장 문서에는 풍년을 기원하거나 재난과 전쟁을 종식하기 위한 제사 의식도 볼 수 없다.

제사장 자료는 모세에게 있었던 하나님의 현현을 이전의 현현들보다 중요하게 여겼다. 모세와 이스라엘 민족으로 특정한 '야훼'의 현현은 이전 엘로힘과 엘 샤다이 현현을 능가하며 완전하게 했다. 이것은 바로 '야훼'라는 이름으로 묘사되는 신비한 관점이다. 더 이상 인간과 물질적 욕구가 중심이 되지 않고 거룩한 신성이 중심이 된다.

성(性)과 관련해서도 두 자료가 서로 다르다. 모세의 율법을 비롯해 성서의 다른 부분들에 나타난 종교적 통찰[4]에 따르면 하나님의 거룩과 인간의 성욕 사이의 대립이 존재한다. 제사장 문서에 의하면 성관계, 해산, 월경, 고자됨, 하혈 등으로 발생하는 부정이 이러한 대립의 근원이 된다.[5] 제사장의 제의에서 여성이 배제되는 것 또한 거룩성을 성과 구별하고자 하는 시도로 보인다.[6]

반면 창세기 1장에는 성에 대해 다르게 접근한다.

> 하나님이 이르시되 우리의 형상을 따라 우리의 모양대로 우리가 사람을 만들고 그들로 바다의 물고기와 하늘의 새와 가축과 온 땅과 땅에 기는 모든 것을 다스리게 하자 하시고 하나님이 자기 형상 곧 하나님의 형상대로 사람을 창조하시되 남자와 여자를 창조하시고 하나님이 그들에게 복을 주시며 하나님이 그들에게 이르시되 생육하고 번성하여 땅에 충만하라, 땅을 정복하라, 바다의 물고기와 하늘의 새와 땅에 움직이는 모든 생물을 다스리라 하시니라 (창 1:26-28).

여기서 형상에 해당하는 히브리어 단어 '쩰렘'(צלם, 모양)의 주된 의미는 '페쎌'(פסל, 신상·우상)이다. 이것이 성서의 다른 본문들[7]과 아람어 문헌들[8]에서 드러난 바다. 그렇다면 사람이 하나님의 쩰렘 또는 페쎌로 창조됐다는 말은 무슨 뜻일까? 히브리어 본문에서 쩰렘 앞에 붙은 전치사 ב(베트)가 목적을 나타내는 용도라고 주장[9]하는 메이어 그루버

(Mayer I. Gruber)¹⁰의 해석에 따르면 성서의 신은 제의 용도로 자신의 형상을 만드는 것을 금지했음¹¹에도 불구하고, 사람을 하나님의 형상으로 지음 받은 존재로 묘사하고 있는 것이다.¹²

창세기 1장에서 피조물들은 성별 구분 없이 언급되는데 하나님의 형상으로 창조된 사람만큼은 성별을 구분한다.

> 하나님이 자기 형상 곧 하나님의 형상대로 사람을 창조하시되 남자와 여자를 창조하시고(창 1:27).

따라서 남녀가 모두 하나님의 형상(쩰렘-페쎌)인 것이다. 나는 이 본문을 통해 신성에는 남성적인 측면과 함께 여성적 측면도 있다고 보는 학자들의 주장¹³에 동의한다. 이 해석만이 남성과 여성 모두 하나님의 형상(쩰렘-페쎌)이라는 기록을 이해할 수 있게 한다. 고대 근동의 문화에서는 창조의 신에게 남성과 여성의 속성이 모두 있다고 여겨 자연스럽게 아버지와 어머니로 묘사했다.¹⁴ 이런 흔적을 남성, 여성 모두의 모습으로 묘사된 성서의 은유적 언어에서 찾을 수 있다.¹⁵

"하나님이 그들에게 복을 주시며 하나님이 그들에게 이르시되 생육하고 번성하여 땅에 충만하라, 땅을 정복하라"라는 본문은 생육과 번성이 마땅하고 복된 행위이며 이를 통해 인간이 이 땅의 사명을 성취하게 된다고 말한다.

모세에게 주어진 율법에 나타난 종교적 고찰과는 달리 제사장 문서 속 창조 이야기에는 성과 생육에 대해 긍정한다.

남성과 여성의 속성 모두를 가진 창조의 하나님은 족장 시대 현현하신 하나님의 이름에도 반영되어 있다. 출애굽기에는 "내가 아브라함과 이삭과 야곱에게 전능의 하나님으로 나타났으나"(출 6:3)라고 기록되어 있다. '엘 샤다이'(창 17:1, 28:3, 35:11, 48:3)라는 명칭은 직관적으로도 두 단어의 조합으로 이루어져 있다. 엘 샤다이의 첫 부분인 '엘'

은 성서에 많이 등장한다. 학자들은 엘이 가나안 만신전의 최고신인 엘과 관련이 있다고 봤다. 두 번째 부분인 '샤다이'는 찾아보기 힘든 용어로 의미가 분명하지 않다. 다수의 학자는 이것이 '산'을 의미하는 고대 명칭으로, 산과 관련된 신성을 의미한다고 봤다.[16] 그러나 나는 성서의 저자들조차 고대 용어인 '샤다이'의 본 의미를 알지 못한 채 여성성과 관련된 풍요와 축복의 상징인 '젖가슴'(שד, 샤드)으로 봤다는 주장에 동의한다.[17] 야곱이 요셉을 축복하는 본문은 다음과 같이 말한다.

> 네 아버지의 하나님(엘)께로 말미암나니 그가 너를 도우실 것이요 전능자(샤다이)로 말미암나니 그가 네게 복을 주실 것이라 위로 하늘의 복과 아래로 깊은 샘의 복과 젖먹이(샤다임)는 복과 태의 복이리로다(창 49:25).

이 구절에는 '네 아버지(의) 하나님'(אל אביך)께로부터 받는 도움이 언급되어 있다. 아버지 하나님은 남성적 인물이며 가나안 만신전의 엘과 유사한데, 엘도 가나안 문헌에서 '네 아버지 하나님'(אל אביך)으로 표현된다. 아버지 하나님은 전쟁이나 어려움에서 돕는 자로 묘사된다. 반면, 이어지는 구절에서는 '샤다이'에게서 오는 복이 언급된다. 샤다이는 농사의 풍요와 젖과 태의 복을 나타낸다. 여기에서 성서의 저자는 의심의 여지 없이 '샤다이'(שדי)와 풍요를 상징하는 젖가슴(שדיים, 샤다임)을 한데 엮었다.

창세기의 모든 제사장 문서에서 엘 샤다이는 풍요의 축복과 관련있다(창 17:1-6, 28:3, 35:11, 48:3-4). 창세기 1:27~28처럼 다른 본문들에도 인간적인 풍요와 남성성의 엘과 여성성의 샤다이가 결합된 신성 사이에 연관성이 있다.

제사장 문서에는 성과 관련해 창세기 및 족장들의 하나님과 모세의 하나님 사이에 극명한 차이를 보이는데, 제의와 제물에 대해서도 비슷하다. 창세기 및 족장들의 시대에 해당하는 제사장 문서에는 제의 제물이 전혀 없었다. 가인, 노아 그리고 족장들의 제물은 제사장 문서가 아닌 다른 자료들에서나 볼 수 있다. 제의와 제물은 시내 광야에서부터 언급되기 시작한다. 모세는 제물 제사를 정립하고 제사를 전적으로 이스라엘의 하나님 야훼에게로 귀결시켰다. 그는 광야에 세운 성막에서 첫 제사장으로 봉사했고, 형 아론과 자신의 아들들을 제사장으로 준비시켜 임명했다(출 29:1-37, 레 8:1-30).

마지막으로 하나님의 말씀을 직접 듣는 회중의 규모에도 차이가 있다. 창세기의 하나님은 모든 사람에게, 심지어 다른 피조물에게도 직접 말씀하신다(창 1:21, 28-30, 9:1, 8-16). 반면, 모세 시대에는 그 범위가 오직 모세에게로 축소되어 모세 홀로 지성소로 들어가 언약궤 위 두 그룹 사이에서 말씀하시는 하나님의 음성을 듣는다(출 25:22, 민 7:89).

제사장 문서에는 모세의 시대가 광범위하고 중요한 종교개혁의 시대로 소개된다. 창세기 및 족장들의 하나님은 인간적이고 의인화된 신으로서 사람을 자신의 형상대로 지은 창조주다. 반면 모세의 하나님은 단 한 번도 사람의 몸이나 인간적 감정을 소유한 존재로 묘사되지 않는다. 창세기의 하나님은 자신이 피조물을 관리하고 그들의 도덕적 행위를 감찰하는 반면, 모세의 하나님은 도덕, 통제, 보상과 단절되어 있다. 창세기 및 족장들의 하나님은 남성·여성적 속성을 모두 갖춘 풍요와 복의 상징이었다. 반면 모세의 하나님은 성과 생육에서 완전히 단절되어 있으며, 자녀를 낳기는커녕 배우자도 없는 신이다.

창세기 및 족장들의 시대에는 제물 제사가 없었던 반면, 모세는 야훼에게 드리는 제물 제사를 확립했다. 창세기의 하나님께서는 모든 피조물과 대화하시지만 모세 시대에는 오직 모세에게만 직접 나타나 말씀하신다.

놀랍게도 모세의 종교와 아크나톤의 종교 사이에 유사점이 발견된다. 아톤도 모세의 하나님처럼 인간적인 신이 아니다. 아톤은 모든 것을 소생시키는 창조의 신으로 묘사되지만, 인간과 직접적인 접촉을 하지 않는다. 어디에서도 그를 인간에게 나타나거나 인간과 대화하는 신으로 묘사하지 않는다.[18] 앞서 말했듯이, 아톤은 빛과 같아서 그에게는 형체가 없으며 감정도 없다. 이집트의 고대 종교에서는 아톤을 독수리의 머리와 사람의 몸으로 묘사했지만 아크나톤은 이런 표현을 폐지했다.

모세의 하나님과 아톤은 도덕과 도덕적 삶을 관리하는 것으로부터 단절되어 있다는 점에서도 유사하다. 그는 지구의 물질적 지속성을 관리하지만 인간의 어려움을 살피거나 사회 정의를 세우는 일에 관여하지는 않는다. 신이 인간의 행위를 통제하지 않기 때문에 아톤 종교에는 보상이나 인과응보식 심판이 존재하지 않는다.

성과 관련해서도 비슷한 점이 있다. 성별이 있으며 성관계를 하고 출산했던 이집트의 전통 신들과 달리 아크나톤의 신은 모세의 하나님처럼 성, 결혼, 출산으로부터 단절됐다.

죽음에 대해서도 비슷한 점이 있다. 고대 이집트 종교는 미라 방부 처리 의식에서 드러나듯이 죽음과 죽음 이후의 삶에 관심이 많았지만 아크나톤은 죽음을 종교적으로 다루는 범위를 대폭 축소시켰다. 그는 시체 방부 처리 의식을 없앴으며, 그때까지 퍼져 있던 사후 영혼들의 심판에 대한 신앙을 억눌렀다. 하지만 사후 생에 대한 신앙은 폐지되지 않았다. 아마르나 무덤 문헌들에는 아크나톤의 명령으로 장사된 자의 필요를 채워 주기를 소망하는 내용이 나타난다. 당시에는 망자가 듣고, 냄새를 맡고, 먹고, 무덤에서 나와 일출을 볼 수 있다는 믿음이 퍼져 있었던 것으로 보인다. 아크나톤이 망자들의 필요를 채워 주는 염원은, 태양이 밤에 내려와서 망자들의 필요를 묻고 먹인다고 믿었던 이집트의 오랜 사상을 바꿔 놓았다고 볼 수 있다.[19] 한편 제사장 문서에서 죽음은 가장 심각한 부정의 근원이다. 따라서 죽음과 관련된 모든 것은 거룩하신 하나님과 극명하게 대립한다.[20]

모세와 아크나톤 사이의 유사점은 다른 부분에서도 나타난다. 모세와 같이 아크나톤도 유일신 제물 제사를 확립했다. 뿐만 아니라 신과의 관계도 비슷하다. 아크나톤에 관해서는 신이 오직 그에게만 자신의 도를 가르쳐서 그만이 신의 뜻을 알고 있기 때문에 인간들에게 신의 뜻을 가르칠 의무가 주어졌다고 말한다.[21] 이와 비슷하게 제사장 문서에는 모세가 홀로 성막에서 하나님의 음성을 듣고 내용을 이스라엘 자손에게 전파한다.[22]

모세와 아크나톤의 성 정체성을 표현하는 방식에서도 일정 부분 비슷하다. 아크나톤은 당대 예술 작품들에서 여성의 체형을 가진 독특한 인물로 묘사된다. 상 하나는 아예 그를 성기가 없는 인물로 형상화했다. 처음에 이집트 학자들은 아크나톤이 여성의 체형으로 변형되는 프뢸리히 증후군을 앓았을 것으로 추측했지만[23] 아크나톤이 아내 네페르티티 사이에 여섯 딸을 두었다는 점에서 들어맞지 않는다.[24] 이런 이유로 몇몇 학자들은 아크나톤을 뚜렷한 성별이 없는 인물로 묘사하는 이유가 종교적인 이유라고 결론을 내렸다. 아톤에게 성적인 특징이 없었기 때문에, 신의 형상인 아크나톤도 특정한 성 정체성이 결여된 자로 묘사되어야 했다.[25]

토라의 비제사장적 자료들에 따르면, 모세는 미디안 여인 십보라를 아내로 삼았고 두 아들을 낳았다(출 2:21-22, 18:3-4). 그런데 제사장 문서에서는 모세의 아내와 아들들에 관한 언급을 피한다.[26] 이 경우도 아크나톤의 경우처럼 성으로부터 분리된 신과 땅에 있는 그의 대사(大使) 사이에 연관성을 부여하기 위해 의도적으로 묘사했다고 볼 수 있다.

제사장 문서에 나타난 모세의 종교 체계와 아크나톤의 종교 사이에 비슷한 점이 많은 부분은 해석이 필요하다. 이것을 우연의 일치라고 보기는 어렵다. 상식적으로 이 두 인물은 서로 연관성이 있다고 판단된다. 아크나톤의 이미지와 제사장 문서에 나오는 모세가 비슷한 것에는 어떤 의미가 있을까?

주전 3세기에 살았던 이집트인 사제 마네톤은 모세와 출애굽에 관해 기록했다. 마네톤에 따르면, 파라오 아메노피스는 땅을 깨끗하게 해야 신들을 볼 수 있다는 이유로 이집트 땅을 정결하게 하고자 했다. 아메노피스는 이집트 전역에서 나병 환자 8만 명을 모아 나일강 동쪽 채석장으로 쫓아냈다. 시간이 지나 이들은 파라오에게 아바리스라는 도시에 거주할 수 있게 해 달라고 간청했고 파라오는 이를 허락했다. 나병 환자들은 아바리스에 정착했고 제사장 오사르시프를 그들의 지도자로 세웠다. 오사르시프는 자신의 이름을 모세로 개명한 뒤 새로운 법을 제정했다. 그는 그들에게 이집트의 신들을 섬기지 말고 이집트의 성스러운 짐승들을 처분하라고 명했다. 나병 환자들은 가나안에서 온 목자들의 도움을 받았는데, 아메노피스는 13년이 지나서야 그들을 정복하고 이집트에서 추방할 수 있었다.

소수의 학자들은 오사르시프-모세라는 인물이 성서 속 모세의 요소들이 아크나톤 시대 때의 기억과 통합된 것으로 추정한다.[27] 이집트의 신들과 성스러운 짐승들을 존중하지 말라는 그의 명령은 아크나톤의 행적과 닮았다. 13년이라는 시간도 아크나톤이 자신이 세운 수도 '아케타텐'을 통치한 기간과 맞아떨어진다. 아크나톤의 이름이 이집트 왕들의 명단에서 삭제되고 그의 모든 건축물이 파괴됐지만, 그의 행적들은 이집트인의 집단 기억 속에 침전물로 남았다. 이 침전물은 모세와 출애굽 이야기와 합쳐졌다.

이스라엘에서도 유사한 과정이 있었을 것이다. 제사장 계열로 대대로 이어져 내려온 집단의 역사적 기억 속에 모세라는 인물의 형성은 아크나톤이라는 인물과 밀접한 연관성이 있다.

그러나 마네톤과 이스라엘 제사장들 사이에는 분명한 차이가 있다. 마네톤은 아크나톤과 모세를 강력히 거부하는 전승을 받아들였다. 이들의 신앙이 이집트 종교와는 심각하게 모순되기 때문이다. 반면 이스라엘 제사장들은 아크나톤의 옷을 두른 모세를 새로운 진리를 설파하는 종교개혁가로서 영성이 가장 뛰어난 사람으로 받아들인다.

아크나톤과 모세의 종교개혁 사이의 많은 유사점은 역사적 사실에 기반한다. 모세의 하나님은 아크나톤의 신과 가장 근접했다.

제사장 문서가 모세 종교의 신앙의 중요한 요소들을 보존하고 있지만, 제사장 문서에는 모세의 하나님의 본래 요소가 아닌 것으로 보이는 부분들도 있다. 법을 명하는 하나님을 묘사하는 부분이 그 중 하나이다. 앞서 살펴봤듯이, 법도를 전해 주는 요소는 시내 현현 전승의 원자료가 아니다. 제사장 문서 중 제의법의 세부적인 내용도 모세 시대의 내용으로 보기 어렵다. 왜냐하면 제의법은 북시리아의 전승들과 내용이 밀접하고, 하란에서 온 난민들과 함께 들어왔기 때문이다. 따라서 제의법을 모세와 연관 짓는 것은 역사적이지 않은 시도다. 그러므로 제사장적 법도를 명하는 행위는 모세 신앙의 역사적 원자료에서 제외해도 될 것이다.

아톤은 침묵하는 신이며 아크나톤의 종교는 그를 어떤 활동과도 연관 짓지 않는다. 따라서 인간은 그와 대화할 수 없다.[28] 과연 모세의 하나님도 아크나톤의 신과 같이 침묵하는 신이었으며 인간이 소통할 수 없었던 신이었을까? 적어도 남쪽 지역에서 현현하신 하나님에 대한 고대 기록에서는 그렇다. 이 기록의 원본에는 하나님을 어떤 대화와도 관련 짓지 않는다.[29] 출애굽기 24장에서 이스라엘 장로들에게 현현한 고대 기록에도 하나님께서는 한 마디도 하지 않으신다. 한편, 불붙었으나 타지 않는 떨기나무의 모습으로 모세에게 현현하신 토라의 초기 전승에서는 야훼가 모세에게 말씀하시고 그에게 선지자적 사명을 주시는데(출 3:1-4, 17), 이는 야훼가 침묵하는 신이라는 입장과는 반대된다. 그러나 과연 이 전승은 모세의 하나님의 관한 전승의 고대층에 속한 것일까? 이를 밝혀내려면, 하나님께서 보내신 예언자에 대한 성서적 사상의 뿌리를 살펴봐야 한다.

대성서학자 예헤즈켈 코이프만(Yehezkel Kaufmann)은 모세의 예언자적 보내심을 성서의 중요한 혁신 중 하나라고 봤다. 그는 예언자의 파송이 모세의 등장과 함께 이스라엘에서 생겨났으며, 이것이 성서 신앙의 핵심적 요소라고 분석했다.

> 파송된 예언은 전적으로 이스라엘의 작품이다 …… 이스라엘은 그것을 이집트, 가나안, 바벨론과 같은 주변 문화에서 가져오지 않았고 과거 사람들에게 물려받지도 않았다 …… 결론은 보냄을 받은 예언자, 인류 역사의 첫 파송 예언자, 그(모세)가 야훼 신앙을 이스라엘 지파들에게 전파했다 …… 불붙었으나 타지 않는 떨기나무의 모습으로 모세에게 현현하신 하나님 …… 이것이 출애굽 시대에 하나님께서 이스라엘에게 처음으로 현현하신 사건이다. 이 현현으로 이스라엘뿐만 아니라 인류 역사에서 처음으로 파송 예언자가 보냄을 받았다.[30]

코이프만의 이 글은 1937년에 처음 출판됐다. 몇 년 앞선 1933년에는 북시리아의 도시 마리에서 발굴이 진행됐는데, 이곳에서 코이프만의 주장이 틀렸음을 입증하는 유물들이 발견됐다.

마리에서 발견된 짐릴림왕의 통치 시기(주전 18세기)의 문헌에서는 예언자들의 말이 언급된다. 그들은 다간 신이 그들을 왕에게 파송했다고 증언한다. 예를 들면, 테르카의 고관이 왕에게 다음과 같이 말한 것을 들 수 있다.

> 다간 신의 예언자가 나에게 찾아와서 '신께서 나를 속히 왕에게 보내셔서 약둔림의 혼을 위해 망자의 제물을 바치라고 말씀해 주셔서 나

의 주께 적어 보내오니, 주께서 좋으신 대로 그에게 행하소서'라고 전하라고 말했습니다.[31]

다간의 명령을 받은 예언자는 궁중 반란으로 살해당한 그의 아버지 약둔림의 혼을 위로하기 위해 제물을 바치라고 짐릴림왕에게 전달해 달라고 부탁한다. 다른 문서에는 멜기다간이라는 사람이 다간이 자신에게 나타난 꿈 이야기를 하는 내용이 나온다.[32]

> 내 꿈에서 나 홀로 마리로 가는데 …… 길에서 테르카에 이르게 됐고 도착하자마자 다간 신의 집으로 들어가 다간 앞에 절했다. 절할 때, 다간은 입을 열어 나에게 말씀하셨다. "브네 야민 왕들과 백성들이 짐릴림과 화해했느냐?" 나는 이렇게 답했다. "화해하지 않았습니다." 내가 나가기 전, 다간은 나에게 이렇게 말씀하셨다. "왜 짐릴림의 사신들은 참된 신 앞에 앉지 않느냐? 그리고 왜 왕은 내 앞에 약조문 전체를 가져오지 않느냐? 그것이 아니라면 이로 인해 브네 야민 왕들을 짐릴림의 손에 넘겨줬으리라. 내가 너를 보낸다. 이제 너는 짐릴림에게 '그러므로 너의 사신들을 나에게 보내 전체 약조문을 내 앞에 가져다 놓으라. 그리하면 내가 브네 야민 왕들을 어부들의 낚시고리에 끼워 요리하도록 내 앞에 내어주겠노라'라고 말을 전하라."

이 내용에 묘사된 다간은 성서의 하나님의 모습과는 다르게 모든 것을 다 알지는 못한다. 그러나 왕에게 적들이 그의 앞에 엎드러질 것이라고 약속하는 예언자를 보내는 것은 성서에서 하나님께서 예언자를 보내시는 장면과 매우 유사하다. 그러나 마리의 예언은 제의와 전쟁 뿐만 아니라 사회 정의 문제도 다룬다. 발견된 문헌 중 하나에는 예언자가 왕에게 억압된 자들을 위해 재판하라고 명하는 기록이 있다.

또 다른 문서에는 한 여성이 왕에게 납치된 소녀를 구해달라고 다간의 이름으로 간청한다.[33]

그 밖에도 대니얼 플레밍이 입증했듯이, 북시리아 도시인 마리와 에마르의 문헌에는 제의와 관련된 '나비'(נבי)라는 집단이 언급된다. 이들의 역할은 신들의 이름을 부르는 것이었다. 마리 문헌을 통해 이 집단의 회원들이 예언 활동에도 관여했다는 사실을 알 수 있다.[34] 언어적으로도 하나님의 이름을 부르는 성서의 예언자와 가장 근접하다고 볼 수 있다.[35]

이 모든 것에 비추어 보면, '나비'(נביא)라는 호칭과 보내심을 받는 예언자 개념은 북시리아 서쪽에 살았던 셈족 안에 널리 알려진 것이었다. 이 요소들은 하란 난민들을 통해 이스라엘로 들어온 것으로 보인다. 모세를 보냄 받은 예언자로 묘사한 것과 그에게 예언자적 사명을 부여하는 전승은 역사적 모세의 본래 모습은 아니다. 떨기나무에서의 현현 전승과 보냄 받은 예언자로서 하나님과 대화하는 다른 전승에서 묘사하는 모세의 모습도 원 전승에 포함되지 않는다. 따라서 모세의 하나님은 아톤처럼 사람과 대화하지 않으며 조용히 침묵하시는 하나님이라고 볼 것을 제안한다.[36]

이집트 종교학자 얀 아스만(Jan Assmann)[37]과 제임스 앨런(James P. Allen)[38]은 아크나톤 종교를 일종의 자연 철학의 시발점으로 지목했다. 아톤의 독특성은 종교뿐만 아니라 철학에서도 나타난다. 아톤은 자연과 다양한 모든 생명 활동의 유일한 원천이다. 아톤은 육체가 없고 말을 하지 않기에 누구도 그와 대화할 수 없다. 그는 성과 배우자도 없다. 그래서 아톤을 신보다는 어떠한 추상적인 개념이라고 파악한 앨런의 판단이 옳다.[39]

이와 관련해 아톤과 모세의 하나님 사이에 유일한 차이점은 제사장 문서가 모세의 하나님을 제의 분야에서 명하는 자로 묘사한다는 점이다. 반면 야훼를 명령하는 자로 묘사한 것과 제의법들의 내용이 하란 난민의 전승에서 유래됐다는 설명으로 비춰볼 때, 제사장 문서에 나오는 모세의 하나님을 나타내는 문자적 요소는 이차적이며 모세 시대의 독창적인 전승에서 비롯된 것이 아니다.

나는 역사적 모세의 하나님이 아톤과 매우 닮았다고 생각한다. 둘 다 인간적이지 않은 신이며, 피조 세계 전체를 살피지만 개인과 민족의 삶에 관여하지 않으며 벌이나 보상을 주지 않는다. 모세의 하나님은 관념에 가까우며, 육체와 성별이 없고 그와 문자적으로 소통할 수 없다. 그러나 모세의 신앙과 아크나톤의 종교는 두 가지 부분에서 핵심적인 차이를 보인다.

> 1. 아톤은 빛과 동일하며 떼어 놓을 수 없는 자연의 일부다. 반면 자연을 창조한 모세의 하나님은 자연의 창조자로서, 자연의 일부가 아니며 자연의 법칙에 구속되지 않는다. 그는 자연과 구별되고 그것을 통치하며, 그의 현현은 자연을 떨고 진동하게 한다.
> 2. 아크나톤은 신적 인물로 묘사되며, 그를 신봉하는 자들은 그를 신과 같이 대했다. 이는 창조주 하나님과 인간을 포함한 피조물들 사이가 분리돼 신적 인간이 설 자리가 없는 모세의 신앙과 근본적으로 대립된다.

눈에 띄는 차이점이 있지만 아크나톤 종교와 모세 신앙의 유사성은 역사적 모세를 보다 정확히 이해하게 해 준다. 앞에서 밝힌 대로 역사적 모세는 법 제정자도 아니었으며 야훼와 이스라엘 간에 언약을 맺은 자도 아니었다. 심지어 그는 파송 예언자도 아니었으며 사상가이자 종교적 스승에 불과했다. 그러나 모세의 종교개혁의 위력과 파급력은 아크나톤의 개혁보다 컸다. 모세가 인식한 신은 자연의 근원이지만 자연으로부터 완전히 분리됐으며 자연의 법칙에 얽매이지 않는다. 코이프만이 정확히 짚었듯이[40] 이것을 인정하는 것이 바로 성서 신앙의 핵심이다. 모세는 이 위대하고 혁신적인 인식을 재발견했고 그 위에 성서 신앙을 심었다. 인류 역사에서 처음으로 자연의 경계를 뛰어넘은 종교가 나와 신성을 자연과 우주를 넘어 존재하는 현존으로 보게 됐다.

종교개혁가 모세는 성서 종교의 중심 사상을 새롭게 한 이스라엘 종교의 시조로 평가될 수 있다. 그러나 복합적인 성서 종교는 모세가 시내 광야에서 레위 히브리인의 지도자로 활약하기 이전, 가나안에서 하란 난민들과 가나안 토착민들이 섞일 때 형성되기 시작했다. 이 과정은 주전 13세기 후반기에 발생해 가나안의 최고신 엘이 하란 난민 집단에서도 최고신으로 자리 잡게 됐다. 하란 난민들은 엘의 주권을 '야쑤르-엘'(ישר-אל)이라고 불렀으며 여기에서 '이스라엘'(ישראל) 명칭이 파생됐다. 이렇게 엘은 이스라엘의 하나님이 됐다.

주전 13세기 말경 히브리인 집단이 모세의 지도하에 이집트를 빠져나왔다. 가나안으로 가는 길에 그들은 미디안인을 만났고 그들로부터 '야훼'(יהו-ה) 신앙을 전수받았다. 모세의 개혁으로 인해 야훼는 유일신으로서 세상을 창조했지만, 자연에서 완전히 분리되며 자연을 지배하는 법칙에 구속되지 않는 신으로 인식됐다. 야훼 신앙은 다른 신들 제사를 금지하고 야훼를 상이나 형상으로 나타내지 못하게 했다. 야훼를 자연과 단절시키는 것은 생리적 요건과 단절되는 것으로 드러난다. 그는 태어나지 않았으며 자녀를 낳기는커녕 아내도 없고 성관계도 하지 않으며 죽지도 않는다.

이집트 히브리인들은 가나안에 도착해 초기 이스라엘인을 만났다. 이를 통해 야훼가 '엘'과 동일시됐고 이스라엘의 하나님으로 받아들여졌다. 야훼를 이스라엘의 하나님으로 인정한 것은 세겜에서 맺은 언약으로 나타난다. 이 언약은 북시리아와 헷 문명의 조약 체결 전통에 따라 맺어졌다. 이스라엘 집단이 받은 계명은 이 조약의 명백형 조항에서 영감을 받아 야훼가 그의 백성에게 직접 언급하는 방식으로 서술됐다. 여기에 획기적인 부분이 있는데, 고대 근동 문명에서는 신이 아닌 왕이 법 제정자로서 백성에게 공포한다. 북시리아와 헷 문명의 조약들에 나타난 역사 서론처럼 세겜 언약의 서론도 민족사와 하나님께서 베푸신 은혜의 역사를 포함했다. 이 이야기의 기록은 성서의 역사적 기록의 시발점이 됐다.

야훼와 엘의 혼합과 히브리인과 이스라엘인의 혼합은 여러 분야에서 종교적으로 지대한 영향을 주었다. 하란 난민들은 셈과 후르-헷 요소들을 포함한 풍부한 제의 체계를 가져왔다. 이 체계는 우상들로 표현된 다신 신앙과 관련된 것이다. 하지만 유일신 숭배를 강요하고 신의 형상화를 금지하는 모세 종교와 함께 들어온 레위 히브리인과의 교류는 제의 전통이 변하는 계기가 됐다. 이스라엘의 제의를 담당하는 자로 임명된 레위 히브리인들은, 다수 집단인 하란 난민 집단에 만연해 있던 제사 의식들을 직접 집전하게 됐다. 이제 제의와 제사 규정들이 상으로 묘사되지 않는 유일신을 섬기는 레위인들의 종교 사상에 맞춰지게 됐다.

이스라엘의 예언 기록은 하란 난민의 전통과 레위 히브리인 전통의 혼합 과정을 투영한다. 제의 형식은 하란 지역의 제의와 유사하지만 내용은 다신 숭배를 규탄하며 하나님을 상으로 표현하는 것을 거부하는 레위 히브리인의 정신을 이어받은 이스라엘 제사장들에 의해 새롭게 수정됐다. 그러므로 제사장 문서의 의식·제의적 뿌리는 하란에서 도망한 초기 이스라엘인의 고향인 갈대아 우르에 있다. 그러나 속에서 고동치는 정신은 성서 신앙의 기반을 다진 위대한 종교 사상가 모세의 정신이다. 그런 점에서 제사장 문서의 인식과 모세에게 영향을 준

파라오 아크나톤의 인식은 밀접하다. 그렇기 때문에 제사장 문서의 하나님은 극단적으로 추상적이며 과대하게 묘사되는데, 이와 같은 내용은 성서에서도 람밤(대랍비 마이모니데스) 이전의 유대 저작에서도 찾아볼 수 없다.[41]

제사장직과 제의를 맡았던 레위인 외에도, 이스라엘에는 예언자와 지식인이 활동했다. 이스라엘의 예언 중에서도 특별히 보냄을 받는 예언은 북시리아의 난민들이 가나안에 들어올 때 가져온 예언 전승의 연속이다.

하란 난민들이 가져온 종교·제의적 요소들은 가나안의 잔류물인 엘과 이집트에서 레위인들과 함께 가나안으로 온 모세의 혁신적인 사상을 만나면서 성서 종교의 통합을 이루었다.

מאין באנו

13장
질투하시는 하나님

세겜에서 언약을 맺을 때(수 24장) 여호수아는 질투하시는 야훼 하나님의 존재를 부각시키며 연설했다.[1] 십계명의 후대 사본에서도 야훼를 "나 네 하나님 여호와는 질투하는 하나님인즉"(출 20:5)이라고 말하며 질투하는 하나님으로 묘사한다.

성서는 하나님의 질투를 우상 숭배를 금하는 내용과 연결해 여러 차례 말한다.[2] 질투라는 개념은 남편과 아내의 관계에서 가져온 은유로 보인다.[3] 민수기의 간음한 여인 법에서 하나님께서 다음과 같이 말씀하신다.

> 어떤 사람의 아내가 탈선하여 남편에게 신의를 저버렸고 한 남자가 그 여자와 동침하였으나 그의 남편의 눈에 숨겨 드러나지 아니하였고 그 여자의 더러워진 일에 증인도 없고 그가 잡히지도 아니하였어도 그 남편이 의심이 생겨 그 아내를 의심하였는데 그의 아내가 더럽혀졌거나 또는 그 남편이 의심이 생겨 그 아내를 의심하였으나 그 아내가 더럽혀지지 아니하였든지(민 5:12-14).

아내를 질투(히브리어로 질투와 의심은 동일한 단어)하는 남편은 혼인 관계의 독점적 전제조건인 그녀의 충실 의무를 고발한다. 아내에게는 다른 남성과 성적 관계를 맺는 것이 금지되는데, 아내가 이 신의를 저버릴 때 남편의 질투가 인다. 이스라엘의 하나님도 자신에게만 충실하고 섬기기를 그의 백성에게 요구하신다. 그의 질투는 이스라엘이 그를 배반하거나 다른 신을 숭배할 때 일게 된다.[4]

이스라엘의 하나님의 질투는 우상숭배의 세계에서는 낯선 현상이다. 우상숭배는 본질적으로 포용적이라 사람이나 도시나 민족마다 각

자의 종교 의식을 위한 최고신이 있을 수 있다고 인정하며 다른 신을 숭배하는 것을 거부하지 않기 때문이다.[5] 다른 신을 숭배하기를 거부하는 유일신 신앙의 전초가 이집트의 파라오 아크나톤이 주도한 아톤 신앙에서 나타난다.[6] 그러나 우리는 아톤 종교에서 질투하는 신의 모습은 찾아보지 못했다. 이 모티프는 아톤 신의 관념적이고 막연한 이미지와는 거리가 멀기 때문이다.

질투라는 어휘가 성적인 개념에서 왔기 때문에 하나님의 질투로 인한 금지 사항들도 성적인 표현으로 나타난다.

> 너는 스스로 삼가 네가 들어가는 땅의 주민과 언약을 세우지 말라 그것이 너희에게 올무가 될까 하노라 너희는 도리어 그들의 제단들을 헐고 그들의 주상을 깨뜨리고 그들의 아세라 상을 찍을지어다 너는 다른 신에게 절하지 말라 여호와는 질투라 이름하는 질투의 하나님임이니라 너는 삼가 그 땅의 주민과 언약을 세우지 말지니 이는 그들이 모든 신을 음란하게 섬기며 그들의 신들에게 제물을 드리고 너를 청하면 네가 그 제물을 먹을까 함이며 또 네가 그들의 딸들을 네 아들들의 아내로 삼음으로 그들의 딸들이 그들의 신들을 음란하게 섬기며 네 아들에게 그들의 신들을 음란하게 섬기게 할까 함이니라 (출 34:12-16).

'야훼는 질투하는 하나님이시며 그의 이름은 질투'라는 선언은 다른 민족의 신들을 섬기는 것을 음란과 배신으로 여기는 그의 속성을 보여 준다.[7] 이 본문에 나타난 염려는 이스라엘 남자들이 이방 여인과 결혼하면 이방 신을 좇아 음란을 행하게 된다는 것이다.[8]

성서의 질투의 원형이라고 할 수 있는 비느하스의 행동 또한 성적인 것과 관련해 묘사된다.

> 이스라엘이 싯딤에 머물러 있더니 그 백성이 모압 여자들과 음행하기를 시작하니라 그 여자들이 자기 신들에게 제사할 때에 이스라엘 백성을 청하매 백

> 성이 먹고 그들의 신들에게 절하므로 이스라엘이 바알브올에게 가담한지라 여호와께서 이스라엘에게 진노하시니라 …… 이스라엘 자손 한 사람이 모세와 온 회중의 눈앞에 미디안의 한 여인을 데리고 그의 형제에게로 온지라 제사장 아론의 손자 엘르아살의 아들 비느하스가 보고 회중 가운데에서 일어나 손에 창을 들고 그 이스라엘 남자를 따라 그의 막사에 들어가 이스라엘 남자와 그 여인의 배를 꿰뚫어서 두 사람을 죽이니 염병이 이스라엘 자손에게서 그쳤더라(민 25:1-3, 6-8).

이스라엘 남자들이 모압 여인들과 음행했다. 성행위와 바알브올을 숭배하는 제의는 함께 엮여 있다. 비느하스가 미디안 여인과 음행한 이스라엘 남자를 죽임으로써 하나님의 진노가 그쳤다. 이 행동은 하나님을 위한 질투로 표현됐고, 이에 대한 보상으로 비느하스는 영원한 제사장 직분을 얻었다.

> 여호와께서 모세에게 말씀하여 이르시되 제사장 아론의 손자 엘르아살의 아들 비느하스가 내 질투심으로 질투하여 이스라엘 자손 중에서 내 노를 돌이켜서 내 질투심으로 그들을 소멸하지 않게 하였도다 그러므로 말하라 내가 그에게 내 평화의 언약을 주리니 그와 그의 후손에게 영원한 제사장 직분의 언약이라 그가 그의 하나님을 위하여 질투하여 이스라엘 자손을 속죄하였음이니라(민 25:10-13).

비느하스가 하나님의 질투심으로 질투해 실행으로 옮긴 덕분에 이스라엘이 야훼의 진노로부터 진멸되지 않을 수 있었다.[9] 하나님의 진노는 이방 여인들과 잠자리를 갖고 그들의 신들을 숭배한 이스라엘 남자들을 향했다. 여기에서 정절과 질투를 인간·가정적 차원으로 각인한 점과, 이 개념들을 하나님과 그를 섬기는 자들의 관계로 적용한 점 사이에 대치점이 드러난다.

인간·가정적 차원에서 성서는 정절의 잣대를 여성에게만 적용한다.

아내는 남편에게 신의를 지켜야 하며 다른 남자와 간음했다고 의심받을 경우 남편의 질투가 일어나며 의심의 소제법이 발동된다(민 5:11-31). 반대로 남편이 아내에게 신의를 지킬 의무나 남편에 대한 아내의 질투에 대한 내용은 성서에 기록되어 있지 않다. 남성은 혼인의 울타리와 관계없이 성적 관계를 할 수 있었다.

하지만 하나님과의 관계에서 신의를 완전하게 지킬 의무는 오히려 이스라엘 남성들에게 가장 우선으로 부과됐다. 그들이 하나님을 배반했을 때 하나님의 질투가 그들을 향해 표출됐다. 하나님과의 관계에서는 이스라엘 남성들이 여성의 위치에 있었다. 이와 관련해 아내의 배신을 이스라엘의 우상 숭배로 볼 수 있으나, 이스라엘 남성들의 아세라·아스다롯 숭배는 이와 관련해 언급되지 않는다.[10] 이 사상의 밑바탕에는 야훼와 이스라엘의 관계를 혼인관계[11]로 묘사하는 은유가 있으며 이 관계는 행음과 외도로 깨진다.[12] 혼인과 질투의 은유는 위에 언급된 이스라엘의 하나님의 특별한 관계와 관련이 있다. 이스라엘의 하나님에게는 배우자가 없기에 이스라엘 사람들에게 신적 배우자의 역할이 주어진다. 따라서 이스라엘에게 오직 야훼에게 충실할 의무가 부과된다.

혼인과 질투의 은유는 성서의 하나님을 자연 세계 위에 계시고 생리적 기능으로부터 단절된 분으로 나타내고자 하는 경향과, 하나님과 백성 간에 친밀하고도 의무적이고 구속적인 관계를 형성하고자 하는 요구 사이의 긴장을 담아낸다. 자연을 초월하시고 생리적 법칙으로부터 단절된 하나님을 묘사할 때는 배우자도 없으며 자녀를 낳기는커녕 성관계도 하지 않는 신의 모습으로 그려낸다. 반면 하나님과 이스라엘 사이를 완전한 헌신의 관계로 나타내려면 하나님의 초월성을 내려놓고 은유적 부부의 관계를 접목시켜야 한다. 야훼와 이스라엘의 관계에서는 남편에 대한 아내의 의무와 같이 이스라엘이 야훼에 대해 절대적으로 헌신해야 한다. 야훼에 대한 이스라엘의 완전한 충성만이 이스라엘이 하나님의 아내임을 증명해 주기 때문이다.

성서에서 야훼에게 배우자를 두려는 그 어떠한 시도도 거부하는 대표적인 예로 아세라와 아나트를 들 수 있다. 하지만 이와 반대로 하나님과 이스라엘의 절대적 관계는 혼인과 질투의 은유로 묘사된다. 유일신에게 절대적 충성을 요구하는 것도 성서 종교의 특별함이지만, 혼인과 질투의 은유 또한 이스라엘만의 특별한 현상이다. 다른 민족에서는 이를 찾아볼 수 없기 때문이다.[13] 혼인과 질투의 은유는 이스라엘의 하나님 야훼 외에 다른 신에게 제사하기를 거부하는 성서 종교의 독특성을 나타내 준다.

신적 배우자의 부재가 이스라엘을 하나님의 아내로 묘사하는 은유적 표현을 통해 부분적으로 채워졌다. 이 은유는 배신자들과 다른 신을 숭배하는 자들에게 복수하시는 '질투하는 하나님'에 내재되어 있다. 그러나 하나님을 출산, 성행위, 태어남과 죽음이라는 생리적 순환으로부터 단절시켰지만 심리적으로는 단절시키지 못했다. 성서의 하나님은 '살아계신 하나님'이며 강렬한 감정을 표현할 수 있다. 그는 '그의 아내' 이스라엘의 충성을 갈구하며, 이스라엘이 그를 '배신'하고 이방 신들에게 마음을 쏟을 때 그의 질투는 불처럼 타오른다.

야훼의 불타오르는 질투는 주전 8세기 북왕국에서 활동한 호세아의 예언에 기록되어 있다.[14] 예언자는 그의 음탕한 아내에게 수치를 주고 목이 타서 죽게 하겠다고 협박하는 질투의 남편으로 야훼를 묘사한다.

> 그렇지 아니하면 내가 그를 벌거벗겨서 그 나던 날과 같게 할 것이요 그로 광야 같이 되게 하며 마른 땅 같이 되게 하여 목말라 죽게 할 것이며(호 2:3).

음탕한 아내는 호세아가 살던 북이스라엘 왕국이다. 호세아는 야훼와 이스라엘의 관계를 은유적으로 부부 관계에 비유한 최초의 성서 저자라고 할 수 있다. 야훼를 아내를 질투하는 남편에 비유하는 것은 결혼의 은유에 기초한다. 따라서 질투심의 비유는 호세아의 예언을 밑바탕으로 발전했을 것으로 보인다.

어쩌면 야훼를 아내 이스라엘을 질투하는 남편으로 그려낸 토라와 호세아의 기록은 모두 호세아의 영감을 받아 기록됐을 수 있다. 혼인과 질투의 비유는 예언자들이 성서의 독특한 신앙관에 기여한 부분이라고 할 수 있다.

모세의 하나님은 아톤처럼 감정적 특징이 없어서 그를 질투하는 하나님으로 묘사할 수 없었다. 이스라엘인들이 세겜 언약식에서 야훼의 신성을 받아들일 때, 야훼와 그의 백성의 관계가 북시리아와 헷 왕국에서 잘 알려진 조약 형식에 따라 작성됐다. 이 형식에 따르면 통치자가 봉신왕에게 전적인 충성을 요구한다. 성서학자 윌리엄 L. 모란 (William L. Moran)이 주장했듯이[15] 봉신왕은 통치자를 사랑하기를 약조하는데 이 사랑은 충성과 복종을 의미한다. 그러나 질투는 통치자와 봉신왕의 조약에서 익숙한 표현 방식은 아니다. 질투하는 모습은 야훼와 그의 백성의 관계적 인식에 뿌리를 두고 있는데, 통치자와 봉신왕의 관계가 아닌 남편과 아내의 관계이다. 호세아가 결혼 은유를 야훼와 이스라엘의 관계에 새롭게 사용함으로써 야훼가 질투하는 하나님으로 묘사되기 시작했다. 따라서 질투하시는 하나님이라는 은유는 예언서가 성서 종교에 기여한 공헌이다.

מאין באנו

14장
모두의 야훼와 이스라엘의 야훼

호세아의 활동 초기인 주전 8세기 초중반은 북왕국의 경제적 호황기였다. 경제적 호황과 발전된 도시 문화의 성장으로 읽고 쓰는 지식이 북왕국 백성들에게 퍼져 나갔다. 앞서 말했듯이 주전 13~12세기 때 재난으로 가나안 토착민과 이주민들이 문자 전통을 잃어버렸다. 유사한 현상이 그리스와 에게해 지역에서도 발생했지만 그리스인들은 페니키아인과 교류하며 알파벳을 도입했다. 주전 8세기에는 읽고 쓰는 지식이 이스라엘과 그리스에서 다시 퍼지기 시작했다. 주전 8세기에 활동한 호메로스는 자신의 서사시들을 구전으로 전달했지만 나중에 글로 옮겨졌다. 호메로스와 동시대 사람인 호세아, 아모스, 이사야, 미가는 말로 예언했으나 이후에 이들의 말이 글로 기록됐다. 주전 8세기에는 성서 문학의 황금기가 시작됐다고 볼 수 있다.[1]

하지만 이스라엘 왕국의 발전과 번영은 오래 가지 못했다. 주전 8세기 중반 앗수르 제국이 근동에서 신흥 세력으로 부상했기 때문이다. 앗수르인들은 정복 전쟁에 나서 민족과 왕국을 차례로 굴복시켰다. 예언자 이사야는 "온 세계를 얻은 것은 내버린 알을 주움 같았으나"(사 10:14)라고 한 앗수르 왕[2]의 거만한 발언을 인용했다. 그렇게 앗수르 왕은 그 지역의 최고 통치자가 됐다. 주전 732~720년 사이 앗수르인들이 북왕국을 정복하면서 그의 독립에 종말을 지었다. 그들은 북왕국의 많은 백성을 고산강 가에 있는 할라와 하볼과 메대 사람의 여러 고을로 강제 이주시키고(왕하 17:6), 그들을 대신해 바벨론과 구다와 아와와 하맛과 스발와임에서 이스라엘 성읍으로 사람들을 데려왔다(왕하 17:24).

하볼과 고산강은 초기 이스라엘인의 출신지인 하란이 위치한 곳이

기도 한 북시리아 지역에 있다. 앞서 이야기했듯이, 초기 이스라엘인은 주전 13세기에 앗수르인들에게 점령당하고 파괴된 하란에서 탈출해 세겜으로 이주했다. 500년 후 앗수르인은 초기 이스라엘인의 후손들을 정복해 그들의 조상들이 이주해 온 지방에서 추방시켰다.

강제 이주 정책은 앗수르가 일반적으로 사용한 전략이다. 대규모 이주는 주민들을 모국으로부터 쫓아내 모국을 향한 그들의 충성심을 무너뜨리고 앗수르 제국의 충성스러운 시민들로 동화시키려는 전략이다.[3] 이런 방식으로 점령당한 민족들은 거대한 앗수르 제국의 한쪽 끝에서 반대쪽 끝으로 옮겨졌다.

앗수르의 이주 정책은 아모스의 아들 이사야의 예언을 통해 알 수 있다. 주전 8세기 후반기에 예루살렘에 살았던 이사야는 앗수르 왕의 오만한 말들을 기록했다.

> 그의 말에 나는 내 손의 힘과 내 지혜로 이 일을 행하였나니 나는 총명한 자라 열국의 경계선을 걷어치웠고 그들의 재물을 약탈하였으며(사 10:13).

왕국들을 모아 섞는 앗수르 왕의 정책은 앗수르의 헤게모니 아래 '언어와 말을 하나'[4]로 단일화해 인간성을 바꾸는 것이었다. 이는 중동의 여러 민족의 생존을 위협했다. 이에 신명기 32장 '하아지누(귀를 기울이라) 노래'에 나타난 종교적 근간도 약화됐다. 노래의 원본에는 야훼와 이스라엘의 연관성이 다음과 같이 묘사됐다.

> 옛날을 기억하라 역대의 연대를 생각하라 네 아버지에게 물으라 그가 네게 설명할 것이요 네 어른들에게 물으라 그들이 네게 말하리로다 지극히 높으신 자가 민족들에게 기업을 주실 때에, 인종을 나누실 때에 하나님의 자손의 수효대로 백성들의 경계를 정하셨도다 여호와의 분깃은 자기 백성이라 야곱은 그가 택하신 기업이로다 (쿰란 사본과 칠십인역에 따른 신명기 32:7-9).

쿰란 사본과 칠십인역에 따르면 야훼는 엘-엘리온의 아들 중 하나다. 엘-엘리온은 족속들의 기업을 아들 70명에게 분배해 주었고 모든 민족에게 나라의 경계를 정해 주었다. 야훼는 자신의 기업과 통치로 이스라엘을 기업으로 받아 통치했고, 다른 민족들은 엘-엘리온의 다른 아들들의 통치로 넘겨졌다.

이사야는 하아지누 노래를 잘 알고 있었다.[5] 그는 하나님께서 창세 시대부터 민족들에게 정하신 경계에 관한 관점과 하나님의 자손들이 통치하도록 민족들을 나눈 것에 대해서도 알고 있었다. 그러나 현실은 달랐다. 앗수르 왕이 창세기 때 하나님께서 정하신 민족들의 경계를 무너뜨렸다. 앗수르 왕의 통치는 이전까지의 세계 질서와 정면으로 대치된다. 이사야는 당시의 현실을 받아들였지만 그것에 새로운 의미를 부여했다. 민족 간의 경계가 사라진 것이 민족들을 앗수르의 무력 아래 하나로 만들기 위한 것이 아니라, 평화로 하나 되며 하나님의 말씀을 받고자 예루살렘으로 오기 위한 것으로 받아들였다. 이사야는 앗수르의 무력에 반대하며 세계 평화의 묵시를 선포한다.

> 말일에 여호와의 전의 산이 모든 산꼭대기에 굳게 설 것이요 모든 작은 산 위에 뛰어나리니 만방이 그리로 모여들 것이라 많은 백성이 가며 이르기를 오라 우리가 여호와의 산에 오르며 야곱의 하나님의 전에 이르자 그가 그의 길을 우리에게 가르치실 것이라 우리가 그 길로 행하리라 하리니 이는 율법이 시온에서부터 나올 것이요 여호와의 말씀이 예루살렘에서부터 나올 것임이니라 그가 열방 사이에 판단하시며 많은 백성을 판결하시리니 무리가 그들의 칼을 쳐서 보습을 만들고 그들의 창을 쳐서 낫을 만들 것이며 이 나라와 저 나라가 다시는 칼을 들고 서로 치지 아니하며 다시는 전쟁을 연습하지 아니하리라(사 2:2-4).

마지막 날에는 민족들이 예루살렘으로 몰려올 것이다.[6] 그들은 자발적으로 야훼의 말씀을 듣기 위해 성전으로 올라갈 것이다. 야훼는 민족들 간의 갈등을 재판하시며 그들을 회복하실 것이다. 민족들 사이에 평화가 임할 때 무기들은 쓸모가 없어져 농기구로 변할 것이다.

이사야는 하나님과 민족들의 관계의 극적인 반전을 예언한다. 토라에 따르면 인류의 역사 초기에는 하나님께서 모든 사람에게 알려져 있었다. 그러나 여러 변화가 생기면서 인간은 하나님과 단절됐다. 바벨탑 죄악으로 인해 언어가 흩어졌고 하나님께서는 아브라함을 택하셔서 인간과의 관계를 한 가족·민족에게로 집중하셨다. 이 변화는 영구적인 변화로 여겨졌다. 토라와 역사서(여호수아, 사무엘, 열왕기)에는 먼 미래에 모든 사람이 이스라엘의 하나님을 알게 되고 섬기게 될 것이라는 직접적인 소망이 나오지 않는다.[7]

비록 민족들이 예루살렘에 강제로 올라오지 않았지만, 이사야의 예언은 모든 민족이 이스라엘의 하나님에 대한 신앙을 공통의 종교 기반으로 결정하도록 한다. 이로써 다른 민족의 종교·문화적 독특성을 제거한다. 그런 의미에서 야훼 신앙을 야훼와 그의 백성이자 기업인 이스라엘로 축소시킨 하아지누 노래와 모든 민족이 이 신앙을 받아들일 것이라고 예언한 이사야 사이에는 근본적인 차이가 있다. 하아지누 노래는 다양한 종교와 신앙이 있는 다원주의적 현실을 허용하지만 이사야는 다른 종교를 포용하는 것에 부정적으로 선을 긋고 모든 족속이 이스라엘의 신앙을 받아들이도록 촉구한다.

하아지누 노래에 야훼를 엘-엘리온의 아들로 보는 사상이 투영되어 있는데, 이 사상은 주전 12세기 중엽 초기 이스라엘인에 의해 각색됐다. 하아지누 노래가 초기 이스라엘과 동시대에 기록됐다는 것보다 둘의 종교적 입장이 비슷하다는 것에 주목하자. 모든 민족이 야훼의 율법을 받고자 예루살렘으로 올라와 하나로 연합되는 이사야의 예언은 하아지누 노래에서 드러난 인류의 다양한 종교적 신앙의 모습과 근본적으로 반대된다.

미가 예언자는 이사야와 같은 시대 사람으로, 이사야가 예루살렘에서 활동했던 것과는 달리 유다 평지의 고을에서 활동했다. 미가의 예언에서 이사야의 예언과 유사한 부분을 발견할 수 있지만 매우 중요한 차이도 발견할 수 있다.

> 끝날에 이르러는 여호와의 전의 산이 산들의 꼭대기에 굳게 서며 작은 산들 위에 뛰어나고 민족들이 그리로(그 위로) 몰려갈 것이라 곧 많은 이방 사람들이 가며 이르기를 오라 우리가 여호와의 산에 올라가서 야곱의 하나님의 전에 이르자 그가 그의 도를 가지고 우리에게 가르치실 것이니라 우리가 그의 길로 행하리라 하리니 이는 율법이 시온에서부터 나올 것이요 여호와의 말씀이 예루살렘에서부터 나올 것임이라 그가 많은 민족들 사이의 일을 심판하시며 먼 곳 강한 이방 사람을 판결하시리니 무리가 그 칼을 쳐서 보습을 만들고 창을 쳐서 낫을 만들 것이며 이 나라와 저 나라가 다시는 칼을 들고 서로 치지 아니하며 다시는 전쟁을 연습하지 아니하고 각 사람이 자기 포도나무 아래와 자기 무화과나무 아래에 앉을 것이라 그들을 두렵게 할 자가 없으리니 이는 만군의 여호와의 입이 이같이 말씀하셨음이라 만민이 각각 자기의 신의 이름을 의지하여 행하되 오직 우리는 우리 하나님 여호와의 이름을 의지하여 영원히 행하리로다(미 4:1-5).

이사야가 모든 민족이 예루살렘 성전으로 강물이 흐르듯이 밀려올 것이라 예언했다면, 미가는 그들이 '그 위로'(עליו) 몰려간다고 말했다. 하지만 '그리로 몰려가'(ונהרו עליו)는 '바라보다'(הביטו עליו)로 이해해야 한다(시 34:5, 사 60:5). 높이 솟아오른 산은 사람들이 멀리서 바라보기 때문이다. 그럼에도 다수의 이방인은 예루살렘으로 올 것이다. 그러나 몇몇 민족은 자신의 지역에 그대로 남아있을 것이다. 이와 관련해 미가는 하나님께서 '먼 곳'의 민족들까지 판결하신다고 묘사했다.

미가는 5절에서 가장 중요한 외침을 덧붙이면서 이사야의 예언의 핵심 내용을 완전히 뒤엎는다. 모든 민족이 야훼 신앙을 받아들일 것이라고 예언하는 이사야와 달리, 미가는 아주 다른 그림을 그린다. 많은 민족이 예루살렘으로 올 것이며 이스라엘의 하나님께 가르침을 구할 것이다. 예루살렘으로 오는 길에 전쟁이 멈출 것이며, 각 사람이 자기 포도나무와 무화과나무 아래에 평화롭게 앉을 것이다. 그러나 인류의 기본적인 종교적 상황은 변하지 않는다. 민족들은 자신들이 줄곧 숭배하던 신들을 떠나지 않을 것이며, 야훼 신앙은 여전히 이스라엘의 기업으로 남을 것이다. 미가는 사실상 하아지누 노래에 나타난 종교적 정세를 인정하고 있다. 이스라엘은 야훼의 백성이고 기업이며, 다른 민족들은 다른 '하나님의 아들들'의 기업으로 그들을 숭배한다.

종교적 관용은 일신교적 사상이 처음 등장한 때부터 결여됐다. 유일신 사상과 다른 신 숭배를 금하는 사상의 기초를 다진 아크나톤은 자신이 통치했던 주전 14세기 중반에 아몬을 포함한 다른 신들을 숭배하는 제의와의 전쟁을 선포했다. 그 결과 신전들은 무너졌고, 신상들은 파괴됐으며 그들의 이름은 왕들의 기록에서 삭제됐다. 신의 복수 형태인 '엘림'(אלהים)이라는 표현도 유일신을 섬기는 새로운 신앙과 대치되기 때문에 문헌에서 삭제됐다.

하나님만이 세상과 구분되며 세상을 통치하는 유일한 창조자시라는 성서의 사상을 확립한 이들은 바로 아크나톤의 영향을 받은 모세와 히브리인들이다. 아크나톤처럼 히브리인들도 하나님께 대한 절대적 충성을 요구했고 다른 신 숭배를 금지했다. 레위인들이 모든 금송아지상 숭배자를 처형한 이야기는 레위 히브리인들의 종교적 포용력이 없었음을 여실히 보여준다. 이 사상에 따르면, 성서의 하나님은 질투·보복하시며 자기를 배반하고 다른 신에게 향하는 자들을 심판하신다. 이사야의 예언은 이스라엘의 하나님에 대한 신앙을 모든 민족에게 적용하려는 경향을 보인다. 이렇게 함으로써 인류에 퍼져 있는 다양한 신앙은 무효화되며, 모든 민족은 유일신 신앙을 받아들이게 될 것이다.

아크나톤에서 시작되어 모세와 레위인, 이사야까지 이르는 족적의 발전과 함께 이스라엘 민족에는 또 다른 족적이 발전되어 왔다. 이 족적의 시작은 초기 이스라엘인의 신앙에서 비롯됐다. 그들은 야훼 하나님을 독보적 신적 존재가 아닌 엘의 아들로서 받아들이려고 했다. 하아지누 노래는 이와 유사하게 야훼 하나님을 엘의 아들 중 하나로 묘사하고 있다. 이 사상에 따르면, 오직 이스라엘에게만 야훼를 섬기도록 요구됐고, 다른 민족들은 엘의 다른 아들 신들의 통치로 넘겨졌다. 결국 미가는 이사야에 반대하며 다른 민족들은 예루살렘에 올라온 이후로도 그들의 신들을 계속해서 숭배할 것이라고 단언했다.

이 논쟁은 레위 히브리인과 초기 이스라엘인 사이에 생겨나 성서 시대에 다양한 얼굴로 계속됐다. 오늘날 우리 손에 있는 최종 본문에서도 두 입장을 모두 발견할 수 있다.

나가며

유일신교의 발전 :
아크나톤에서 자라투스트라까지

주전 12세기 이집트에서 가나안으로 들어온 레위 히브리인 500명은 이스라엘 민족에게 그들의 스승이자 지도자인 모세의 사상을 전수해 주었다. 이 사상은 하나님을 자연과 생리적 욕구로부터 분리시켰고, 하나님을 상과 형상으로 표현하는 풍습을 제거했으며 다른 신을 숭배하는 것을 금지했다. 이것이 오랜 시간에 걸쳐 성서의 유일신교로 발전했고, 이로부터 기독교와 이슬람교가 파생됐다. 히브리인들과 모세가 초기에는 아크나톤의 종교로부터 영향을 받았지만, 그들에게 이것은 잠시 지나가는 에피소드에 불과했다. 이후 모세와 레위 히브리인은 인류 문화에 어마어마한 변화를 가져왔고, 그 흔적은 오늘날까지 남아 있다.

자연과 분리된 유일신이라는 성서적 사상의 형성은 이집트 히브리인이 아크나톤의 혁명적 사상을 접하면서 촉진됐다. 아크나톤의 종교는 최초로 유일신을 숭배했다. 레위 히브리인이 기록한 십계명에는 다른 신을 섬기는 것을 엄격히 금지한 내용은 있지만 야훼 외의 다른 신들을 완전히 부인하는 내용이 등장하지 않는다. 다른 신들에 대한 완전한 부인은 무명의 예언자가 기록해 이사야 40~55장에 포함된 예언에 처음으로 확실하게 작성된 것으로 보인다.

'제2 이사야'라고 불리는 이 예언자는 주전 6세기 중반 바벨론에 살았고, 바벨론이 주전 540년 페르시아 고레스왕에게 정복당하는 것을 지켜본 증인이었다. 이사야 45장에는 다음과 같이 기록되어 있다.

> 해 뜨는 곳에서든지 지는 곳에서든지
> 나 밖에 다른 이가 없는 줄을 알게 하리라

> 나는 여호와라 다른 이가 없느니라
> 나는 빛도 짓고 어둠도 창조하며
> 나는 평안도 짓고 환난(악)도 창조하나니
> 나는 여호와라 이 모든 일들을 행하는 자니라(사 45:6-7).

여기에서 야훼의 존재는 유일한 신이며 만물의 창조자로 강조된다. 그는 빛과 평안을 지으셨고 어둠과 악(רע)도 창조하셨다. 이 구절들은 빛과 어둠을 신들의 세계에서 벌어지는 전쟁으로 이해하는 사상과 논쟁하고 대립각을 세우려는 논증적인 의도로 기록됐다. 한 신성은 선한 신성으로서 빛과 평안을 지으며, 다른 신성은 악한 신성으로서 어둠과 악을 창조한다.

이는 페르시아의 자라투스트라 종교(조로아스터교)에서 잘 알려진 특별한 사상이다. 이 종교에는 두 신격이 있으며, 각자가 현세에서 담당하는 부분이 있다. 아후라 마즈다(지혜의 주)는 선과 진리의 신이다. 반대로 앙그라-마이뉴 또는 아흐리만(악한 영)은 거짓과 악 등의 부정적 실재를 상징한다. 두 신 사이에서 진리와 선의 힘, 악과 거짓의 힘이 지속적으로 대결한다.

이사야 45장에서 야훼는 페르시아 왕 고레스에게 다음과 같이 외친다.

> 여호와께서 그의 기름 부음을 받은 고레스에게 이같이 말씀하시되 내가 그의 오른손을 붙들고 그 앞에 열국을 항복하게 하며 내가 왕들의 허리를 풀어 그 앞에 문들을 열고 성문들이 닫히지 못하게 하리라(사 45:1).

그렇다면 이어서 나오는 내용은 페르시아 신앙과의 논쟁이라고 볼 수 있다.[1] 예언자는 페르시아 왕에게 자신의 신앙에 따르면 이 세계가 이원적이지 않으며, 한 신이 빛과 어둠, 평안과 악 등 모든 것을 창조했음을 알리려 했다.

제2 이사야는 페르시아 종교의 이원적인 사상에 대응하기 위해 분명한 유일신교적 성서 신앙을 최초로[2] 표현했다. 야훼 외의 다른 신은 없다. 모든 좋고 나쁜 현존과 현상은 야훼의 창조에서 비롯됐다(사 43:10, 45:18-21, 46:9). 이 사상이 페르시아 시대에 살았던 성서 저자들의 생각과 일치했을 것으로 보인다. 그렇다면 학개, 말라기, 스가랴 1~8장, 에스라, 느헤미야, 역대기는 페르시아 시대에 기록된 것으로 확정할 수 있다. 이 저작들에는 야훼 외에 어떤 독립된 신적 권세도 존재하거나 언급되지 않기 때문이다.[3]

따라서 성서의 신앙은 아크나톤과 자라투스트라의 종교·인지적 사상과의 접촉을 통해 형성됐다. 주전 14세기 아크나톤의 종교개혁이 성서 종교의 탄생을 촉진시켰고, 800년 후 제2 이사야는 자라투스트라와 대립각을 세우며 성서의 유일신 사상을 확고히 했다. 발람의 예언에는 "이 백성은 홀로 살 것이라 그를 여러 민족 중의 하나로 여기지 않으리로다"(민 23:9)라고 이스라엘을 묘사하지만, 실제로 이스라엘의 사상과 인식은 이스라엘 주변 이방 민족들과의 접촉으로 인해 형성됐다.

제2 이사야는 그리스 철학의 아버지인 탈레스와 동시대 인물이었다. 아크나톤이 모든 우주를 빛이라는 한 요소 위에 세울 것을 제안한 것과 비슷하게 탈레스 또한 우주가 물이라는 한 요소로 형성됐다고 주장했다.[4]

성서의 사상은 아크나톤의 종교나 그리스 철학과는 확실히 구별되며, 하나님과 세상의 관계에서 독특한 점이 나타난다. 아크나톤과 그리스 사상가들이 신성을 세상과 자연의 법칙이나 현상에 연관시켰다면, 성서 종교는 하나님을 그가 지은 세상으로부터 분리하고 자연 법칙으로부터 자유로운 모습으로 묘사했다. 모든 것을 다스리는 법칙 사상과 고대 법규의 위엄이 주전 6~5세기 그리스 극작가들의 작품 속에 예술적으로 각색됐다. 뿐만 아니라 그리스풍의 무언가가 그 시대에 기록된 성서의 전도서 안으로 스며들었다. 그러나 자연으로부터 분리된 하나님의 자유를 극대화하고 인간의 자유의지를 강화하는 성서는 그리스 사상에 강력하게 반대하는 입장을 보인다.

이스라엘 민족의 비밀스러운 흔적
신의__설계자들

부록
성서 종교의 용광로에서 만난 벧엘과 시내산

나의 책 『침묵의 성소』(*Sanctuary of Silence*, 1995)에서 제사장 문서(P)의 독특성[1]과 토라의 다른 자료들(J, E, H, D)과의 논쟁을 다루었다. 논쟁의 핵심은 다섯 가지로 요약할 수 있다.

1. 다른 자료들은 야훼의 모습에 인간적인 속성과 특징을 부여한다면,[2] 제사장 문서는 야훼와 그의 제사에서 인간적인 표현과 묘사를 엄격히 지양한다.[3]
2. 다른 자료들에는 야훼와 모세가 서로 대화를 주고받았는데,[4] 제사장 문서에는 야훼가 모세에게 말씀하고 명령하시는 반면 모세는 야훼에게 한마디도 말하지 않았다.[5]
3. 다른 자료들의 전승에 따르면 시내와 호렙에서 야훼와 이스라엘이 언약을 맺었지만,[6] 제사장 문서에 따르면 시내에서 언약을 맺지 않았다.[7]
4. 다른 자료들은 야훼와 이스라엘의 관계를 상호적인 언약관계로 봤다. 하나님께서는 이스라엘의 행위를 살펴보시고, 언약과 계명을 지키는 자에게는 선으로 보상하시고 그것을 저버리는 자에게는 보응하신다.[8] 반면, 제사장 문서에 따르면 야훼는 보상하지도 않고 심판하지도 않으신다. 계명을 어기는 자들에게 임하는 재앙은 야훼의 개인적 행동이 아닌[9] 죄로 인해 발생하는 불가피한 결과다. 이처럼 보답과 보상도 보장되지 않는다.[10]
5. 다른 자료들은 하나님께서 모세에게 현현하실 때 도덕·사회적 규례도 주었다고 보지만, 제사장 문서는 모세에게 현현한 내용을 제

의 분야로만 축소한다.[11]

야훼의 모습을 추상화하고 인간성은 배제한 것, 야훼와 모세의 대화가 사라진 것, 언약의 부재 및 야훼와 이스라엘의 상호 관계적 요소들이 사라진 것 등 제사장 문서의 다양한 특징이 토라의 다른 자료나 성서 전체에서도 찾아볼 수 없는 독특한 신의 모습을 만들어 낸다. 제사장 문서에 나타난 신과 사람의 관계도 성서의 다른 자료와는 극명히 다르다. 하나님께서 모세에게 현현하신 내용이 오직 제의 분야로 축소된 것 또한 독특한 점이다. 앞서 말했듯이[12] 이 특별한 신의 존재는 모세가 영향을 받은 아크나톤의 신앙과 연관해 이해해야 한다. 아크나톤의 종교처럼 제사장 문서도 하나님의 인간적이고 개인적인 요소들을 흐리고 걷어 낸다. 양쪽 모두에서 신은 도덕법을 지키는 것과는 아무 관계가 없으며, 신과의 관계는 제의를 통해서만 가능하다. 양쪽 모두에서 신은 인간의 행위를 알지도, 감시하지도, 보상하지도 않는다.

그런 의미에서 제사장 문서는 많은 부분에서 모세의 하나님의 본래 초상을 간직하고 있다. 그러나 역사적 모세의 하나님은 침묵하시지만[13] 제사장 문서에는 야훼가 모세에게 말씀하시는 행위가 묘사된다는 점에서 핵심적인 차이가 있다. 제사장 문서에서 말씀의 주된 내용은 제의적 법규를 전달하는 것이다. 위에서 말했듯이[14] 이 내용은 주로 하란에서 온 초기 이스라엘인이 가져온 제의 전승에 뿌리를 둔다. 따라서 야훼가 모세에게 나타나 법규를 주는 내용이 연대착오적일 수밖에 없다. 하지만 이는 오히려 법규들의 중요성과 유효성을 극대화한다. 제사장 문서에는 야훼가 법규를 말씀으로 전하는 분으로 묘사되지만, 포장을 벗겨 내면 모세의 하나님의 침묵이 보존되어 있다. 이로써 제사장 문서에서 모세의 말이 없는 것과 성소에서의 제사장들의 침묵

이 부각된 것을 이해할 수 있다.[15]

앞서 이야기했듯이[16] 제사장 문서는 현현의 두 시대를 창조 및 족장들의 시대와 모세의 시대로 나눈다. 하나님께서는 창세 시대와 족장들의 시대에는 '엘로힘'과 '엘 샤다이'라는 이름으로 자신을 나타내셨고, 모세 시대에는 '야훼'로 나타나셨다. 막연하고 비인간적인 모세 때의 하나님과 달리 창세기와 족장들의 하나님께서는 자신의 피조물들, 그중에서도 특별히 사람과의 친밀함을 유지하신다. 제사장 문서에서 창세기와 족장들의 하나님께서는 개인적인 신으로 세상과 사람을 창조했으며 피조 세계를 영위해 가며 보살피신다(창 1:29-30). 모세의 하나님이 통제와 보상에서 무관한 것과는 반대로, 창세기와 족장들의 하나님께서는 인류의 도덕적 행위를 감찰하신다. 제사장 문서에서 하나님은 땅이 부패하다는 이유로 홍수로 세상 전체와 인류를 심판하시는 분으로 묘사된다(창 6:9-13). 제사장 문서에서 모세 시대에 하나님의 심판이 배제됐던 것과는 반대로, 창세기와 족장들의 시대에는 전 시대에 걸쳐 하나님이 의인화된 색채로 묘사됐다. 앞서 다뤘듯이, 제사장 문서에 따르면 시내산에서는 언약을 맺지 않았지만 창세기와 족장들의 시대에는 하나님께서 홍수 이후 방주에서 나온 자들, 그리고 민족의 아버지 아브라함과 언약을 맺었다.[17]

제사장 문서에서 모세의 하나님께서는 도덕적 법규를 주지 않으시지만 창세기의 하나님께서는 도덕법을 제정하신다.[18] 제사장 문서에 나타나는 창세기 족장들의 신앙과 모세의 신앙 사이의 차이는 어떤 의미가 있을까? 『침묵의 성소』에서[19] 창세기와 족장 시대의 제사장 문서와 성서의 나머지 자료의 신앙적 내용이 동일하다고 주장했다. 여기에서 하나님은 인간적으로 묘사되고, 도덕적 법규를 제정하고, 감찰하고 보상하며 인간과 언약을 맺는다. 나는 이 책에서 제사장 문서가 벌하고 감시하며 심판하고 보상하는 하나님에 대한 백성들의 기초적인 신앙 수준과, 추상적이고 고귀한 하나님의 모습을 추구하는 제사장의 신앙 수준 사이에 계층적 구분을 두려 했다고 주장했다.

내가 과거에 쓴 글을 번복하는 것은 아니지만, 이 책에서 다룬 연구 결과에 따라 제사장 문서의 시대를 구분하는 추가적인 입장을 제안하고자 한다. 제사장 문서의 창세기와 족장들의 신앙은 이집트를 탈출한 레위인들이 합류하기 이전 가나안의 초기 이스라엘인의 신앙에서 비롯됐다. 앞서 다뤘듯이, 초기 이스라엘인의 신앙은 '엘'과 관련해 형성됐다. 이는 족장들의 하나님의 이름인 '엘 샤다이'와 연관된다. 제사장 문서에 따르면 엘 샤다이는 민족의 아버지인 아브라함과 언약을 맺는다. 이 점은 하란에서 온 초기 이스라엘인들이 그들과 함께 계약 개념의 사용을 가지고 들어왔다고 보는 내용[20]과 잘 들어맞는다.

제사장 문서의 일부인 창세기 35:9~15 이야기에 따르면, 야곱은 하란에서 가나안으로 도망한 후 벧엘로 갔다. 하나님께서는 벧엘에서 야곱의 이름을 이스라엘로 바꿔 주셨다. 이 현현 후에 야곱은 벧엘에 돌을 세우고 그 위에 기름을 부었다. 제사장 문서의 해당 구절은 하란 난민인 초기 이스라엘인이 가나안에 들어온 것을 보여 준다. 그들은 가나안에 들어오면서부터 하란에서 섬기던 다간을 버리고, 가나안 만 신전의 최고신 엘의 주권을 받아들였다. 예루살렘 북쪽에 위치한 벧엘은 초기 이스라엘인들의 정착 범위 안에 있었으며 엘 숭배의 핵심 지역이었다. 엘을 받아들임으로써 이 집단은 '야쑤르-엘'이라는 의미의 '이스라엘'로 불렸다. 이 변화는 야곱에서 이스라엘로 이름이 바뀌는 전승에서 상징적으로 나타나는데, 제사장 문서에 따르면 이 이름이 벧엘에서 바뀐 것이다.[21] 야곱이 벧엘에서 세운 돌 위에 기름을 붓는 모습은 하란 난민의 종교적 풍습의 흔적이다. 하란에서는 그곳의 신과 최고신 다간을 위해 세운 돌에 기름을 붓는 풍습이 통용되고 있었다.[22] 이제 그들은 가나안에 정착하면서 엘의 신격을 받아들이고자 벧엘에 세워진 돌에 기름을 부었다.

물론 제사장 문서에 묘사된 족장들의 신앙이 초기 이스라엘인의 실제 제의와 정확히 들어맞지는 않는다. 제사장 문서에 묘사된 바에 의하면 족장들은 오직 엘-샤다이만을 섬기고 초기 이스라엘인들은 엘을 최고신으로 둔 만신전을 섬겼을 것이다. 이런 사실적인 현실 묘사는 시초부터 유일신을 섬기는 이미지로 그리려 했던 제사장 문서의 의도와 모순된다.

하란 난민들이 가져온 종교·문화적 유산과 엘을 중심으로 한 가나안 토착민들의 종교적 유산 간의 혼합이 벧엘에서 이루어졌다. 바로 이 혼합이 '이스라엘'이라는 명칭을 만들어 냈다. 한편 이집트에서 레위 히브리인들이 들어오면서 여호수아는 세겜에서 언약을 체결한다. 같은 시기에 초기 이스라엘인의 신앙인 제사장 문서의 족장들의 신앙과 모세의 하나님 야훼에 대한 레위인들의 신앙 사이에 통합이 이뤄졌다. 이 통합이야말로 성서의 종교를 확립한 사건이다.

옮긴이 후기

2008년, 히브리대 성서학부에 재학중일 당시 이 책이 출판됐다. 이스라엘 크놀 교수는 이미 학계에서 세계적으로 알려진 학자였는데, 글을 쉽게 쓰고 강의도 어렵지 않고 명료하게 해 전공 학생이 아닌 사람들도 그의 강의를 많이 청강하곤 했다. 그의 수업시간에는 학생뿐만 아니라 일반인들과 나이 지긋하신 어르신들도 참여해 강의실이 가득 찼다. 그의 저서들은 성서학에 대한 사전 지식이 없어도 이해하는 데 무리가 없을 정도로 문장이 아주 간결한데, 그중 이 책은 유대인 인구가 약 800만 명 정도밖에 되지 않는 작은 나라 이스라엘에서 5만 부 이상 판매돼 5개월 연속으로 전 이스라엘 서점 베스트셀러 1위를 달성했다. 크놀 교수는 이 책 덕분에 일반 대중에게도 큰 인지도를 얻게 되었다. 그는 자칫 어렵고 딱딱할 수 있는 학문의 세계를 일반인도 부담 없이 접할 수 있도록 쉬운 언어로 정리하고 본인의 폭넓은 학문을 종합해 이야기꾼 할아버지처럼 흥미롭게 풀어내 대중적인 학자가 됐다.

성서의 역사성을 부인하는 자유주의 학문과 최소주의(Minimalist) 학파의 관점에서는 크놀이 근본주의(Fundamentalist) 학자로 보일 수 있다. 이는 그가 고고학과 역사 문헌을 토대로 성서의 역사성을 찾고자 하기 때문일 것이다. 그의 학문적 성향은 종교적 유대인 배경에서 자라면서 어린 시절 유대 정통 예시바에서 배운 것의 영향이지 않을까 생각해 본다.

그의 저서들은 이미 세계 여러 나라에서 번역되고 출판됐는데, 이런 저명한 성서학의 대가가 아직까지 한국에 알려지지 못한 점이 늘 안타까웠다. '메아인 바누'(이 책의 히브리어 원서)가 이스라엘에서 출판되자마자 책을 사서 읽으며 꼭 한국어로 번역됐으면 좋겠다는 생각만 가지고 있었는데, 16년 만에 실현돼 기쁘고 감사하다. 이 책을 계기로 이스라엘 출신의 유대인 학자들이 앞으로 한국에 더 많이 소개됐으면 하는 바람이다.

 이 책을 읽을 때 문자적으로 읽고 믿는 성서와 학문적 관점에서 바라본 성서의 차이를 이해하고 그것을 줄여 나가기 위한 하나의 학설 또는 시도로 읽어주었으면 한다. 신앙과 학문이라는 상충되는 세계 사이에서 끊임없이 설득하고 조화해 나가는 과정들이 독자들 안에서 일어나길 기대한다.

 가장 먼저, 이 책이 번역되어 출판될 수 있도록 인도해 주신 하나님께 감사와 영광을 올려드린다. 이 책의 번역이 마무리될 즈음, 먼저 출판을 제안해 주시고 책이 나오기까지 세심하게 수고해 주신 오랜 벗 이우진 편집자님, 부족한 사람을 위해 늘 기도하시는 양가 부모님과 가족들 그리고 아내와 두 아들에게 사랑과 고마움을 전한다.

2024년 봄
정예중

미주

들어가며   빅뱅과 성서의 유전자 코드

1) T. L. Thompson, *The Historicity of the Patriarchal Narratives* (Berlin:1974); J. Van Seters, *Abraham in History and Tradition* (New Haven:1975).

2) P. R. Davies, *In Search of 'Ancient Israel'* (Sheffield:1994); N. P. Lemche, "The Old Testament - a Hellenistic Book?" *SJOT* 7 (1998):163-193; N. P. Lemche, *The Israelites in History and Tradition*, (London - Louisville - Westminster:1999); N. P. Lemche and T. L Thompson, "Did Biran Kill David? The Bible in the Light of Archaeology," *JSOT* 64 (1994) : 3-22; T. L. Thompson, *The Mythic Past: Biblical Archaeology and the Myth of Israel* (London:1999); K. W. Whitelam, *The Invention of Ancient Israel: The Silencing of Palestinian History* (London - New-York : 1996).

3) 고대 그리스에 관해서도 유사한 논쟁이 있다. 문학적 자료들의 역사적 신빙성과 이와 관련된 그리스와 이스라엘의 고고학적 유물에 대한 논의의 유사점을 살펴보려면 다음을 참고하라. E. Yamauchi, "Homer and Archaeology", in *The Future of Biblical Archaeology*, ed. J. K. Hoffmeier and A. Millard (Grand Rapids, MI : 2004), 69-90.

4) 이스라엘이 외부에서 가나안으로 들어온 사람들이라고 보는 성서의 입장에 관하여 다음을 참고하라. P. Machinist, "Outsiders or Insiders : The Biblical View of Emergent Israel and its Context", in *The Other in Jewish Thought and History*, ed. L. J. Silberstein and R. L. Cohn (N. Y. : 1994), 35-57.

5) 이 시기에 민족들의 이동 현상에 대한 세부적인 논의를 보려면 다음 논문을 참고하라. W. A. Ward and M. Joukowski, ed., *The Crisis Years: The 12th Century B. C. from beyond the Danube to the Tigris* (Dubuque, IA:1992); S. Gitin, A. Mazar and E. Stern, ed., *Mediterranean Peoples in Transition* (Jerusalem : 1998).

6) P. P. Betancort, "The Aegean and the Origin of the Sea Peoples", in *The Sea Peoples and their World: A Reassessment*, ed. E. Oren (Philadelphia:2000).

7) 고대 그리스에 대해서는 다음을 참고하라. 모세 아미트(Moshe Amit),『고대 그리스의 역사』(예루살렘:1985), 17-102. 호메로스와 호메로스의 서사시 연구에 대해서는 다음을 참고하라. 나탄 슈피겔(Nathan Spiegel),『호메로스』(예루살렘:1989), 15-44; 가브리엘 쪼란(Gabriel Zoran) 편,『오디세이와 호메로스:논문집』(예루살렘:1989), 17-58.

8) F. M. Cross and L. E. Stager, "Cypro-Minoan Inscriptions Found in Ashkelon", *IEJ* 56 (2006) : 129-159.

9) F. M. Cross, *Leaves from an Epigrapher's Notebook* (Winona Lake, IN:2003), 164-165.

10) 성서 시대 이스라엘의 읽고 쓰기 지식에 관해서는 다음을 참고하라. 나다브 나아만(Nadav Na'aman), "현재를 세우는 과거:제1 성전 시대 말기와 성전 파괴 이후의 성서적 역사 기술", 『예리오트』 3(2002), 13-29.

11) R. Hendel, *Remebering Abraham* (Oxford:2005), 53.

12) 호메로스의 서사시 속 역사적 기억의 보존에 관해서는 다음을 참고하라. E. Vermeule, "'Priam's Castle Blazing': A Thousand Years of Trojan Memories," in *Troy and the Trojan War*, ed. M. Mellink (Bryn Mawr, Penn : 1986), 77-92; H. G. Jansen, "Troy : Legend and Reality," *Cane*, 1121-1134. 성서에 나타난 역사적 기억에 대한 논의를 보려면 다음을 참고하라. W. G. Dever, *What Did the Biblical Writers Know and When Did They Know it* (Grand Rapids, MI : 2001).

13) 철기 시대 때 민족·인종적 정체성을 정의하는 문제의 복합성에 관해서는 다음을 참고하라. R. Kletter, "Can a Proto-Israelite Please Stand Up? Notes on the Ethnicity of Iron Age Israel and Judea" in *"I will Speak the Riddles of Ancient Times": Archaeological and Historical Studies in Honor of Amihai Mazar*, ed. A. M. Maier and P. de Miroschedji (Winona Lake, IN:2006), 573-586. 나는 '원 이스라엘인'(Proto Israelite)이라는 명칭 사용에 대한 클레터의 비판에 동의하기에 이 용어를 사용하지 않았다.

14) 고대 이스라엘이 여러 거주민 집단 속에서 형성됐다고 보는 주장은 이미 일부 학자들에 의해 제기돼 왔다. 특히 나다브 나아만의 글을 참고하라. 나다브 나아만, "여호수아서의 가나안 땅 정복 본문", 나다브 나아만과 이스라엘 핀켈슈타인 편, 『유목에서 왕정까지 : 초기 이스라엘에 관한 고고학적 역사적 시각들』(예루살렘:1990), 294-310. 또한 나아만은 고대 이스라엘의 형성을 주전 12세기에 동부 지중해와 고대 근동에서 발생한 대규모 재난 및 이동과도 연관시킨다. 이 논의에 관해서는 E. Killebrew, "The Emergence of Ancient Israel : The Social Boundaries of a 'Mixed Multitude' in Canaan," in *"I will Speak the Riddles of Ancient Times,"* ed. Maeir and P. de Miroschedji, 555-572; E. Killebrew, *Biblical Peoples and Ethnicity* (Atlanta, GA:2005). 킬브루는 고대 이스라엘의 주 구성원을 가나안인으로 보지만 나는 북시리아에서 온 집단으로 본다.

15) 기르의 위치는 정확히 알려지지 않았다. 이에 대한 논의는 다음을 참고하라. E. Lipinski, *The Arameans* (Louvain:2000), 40-44.

1장 레위인들의 출애굽

1) 슈무엘 에프라임 로인슈탐, "토라 전승에 나타난 야훼를 섬기는 일에 임명된 레위", 『에레쯔 이스라엘 10』(1971), 169-172.

2) 레위인들을 수호자들로 임명한 사건은 반란의 고대 전승에 기초하고 있는데, 그에 따르면 레위인들은 이 분열에 가담하지 않았다. 아마도 이 분열이 발생한 것은 레위인들이 성소 직분에 임명됨에 따른 것이었다. 이스라엘 크놀, 『침묵

의 성소』(예루살렘:1993), 77-78.

3) L. Stager, "The Archaeology of the Family in Ancient Israel," *BASOR* 260 (1983):27; W. H. C. Propp, *Exodus 1-18, AB* (NY:1999), 128.

4) J. G. Griffiths, "The Egyptian Derivation of the Name Moses," *JNES* 12 (1953):225-231.

5) A. Cody, *A History of Old Testament Priesthood*, Rome:1969, p. 40; W. H. C. Propp, *Exodus 1-18, AB* (NY:1999), 280. 이 이집트 이름들은 람세스 시대의 특징적인 이름이다. F. J. Yurco, "Merneptah's Canaanite Campaign and the Israel's Origin," in *Exodus:The Egyptian Evidence*, ed. E. S. Freriches and L. H. Lesco (Winona Lake, IN:1997), 46-47.

6) J. Kemp, *Ancient Egypt – Anatomy of a Civilization* (London:2006), 33-37.

7) F. J. Yurco, "Merneptah's Canaanite Campaign," *JARCE* 23 (1986):189-215.

8) M. G. Hasel, "Merneptah's Inscription and Reliefs and the Origin of Israel," in *The Near East in the Southwest – Essays In Honor of W. G. Dever, AASOR* 58, ed. B. A. Nakhai (Boston, MA:2003):19-40.

9) 실로의 철기시대 때 유물과 관련해서는 이스라엘 핀켈슈타인을 보라. 이스라엘 핀켈슈타인, 『정착기와 사사시대 때의 고고학』(텔아비브:1987), 199-207. 다음 책도 함께 참고하라. I. Finkelstein, S. Bunimovitz and Z. Lederman, *Shiloh:The Archaeology of Biblical Site* (Tel Aviv:1993).

10) 핀켈슈타인, 『정착기와 사사시대 때의 고고학』, 303.

11) M. Bietak, "Comments on the Exodus", in *Egypt, Israel, Sinai*, ed. A. F. Rainy (Tel Aviv:1987), 166-168.

12) H. Cazelles, "The Hebrews", in *People of the Old Testament*, ed. D. J. Wiseman (Oxford:1973), 14; A. Malamat, "The Exodus:Egyptian Analogies", in *Exodus:The Egyptian Evidence*, ed. E. S. Freichs and L. H. Lesco, (Winona Lake, IN:1997), 18.

13) M. Greenberg, *The Hab/piru (American Oriental Series)* (New Haven:1955); N. Na'aman, *Canaan in the Second Millenium B. C. E.* (Winona Lake, IN:2005), 252-274.

14) 모세 그린버그(Moshe Greenberg), 『타르비쯔』 24(1955), 374쪽 32문항.

2장 요셉 이야기와 힉소스 시대

1) D. B. Redford, *A Study of the Biblical Story of Joseph, VTSup* 20 (1970).

2) B. Halpern, "The Exodus and the Israelite Historian," *ErIs* 24, (Jerusalem:1993) : 89-96.

3) J. Van Seters, *The Hyksos* (New Haven:1966), 103-126.

4) Halpern, "The Exodus and the Israelite Historian," *ErIs* 24, (Jerusalem:1993):90.

5) D. L. Esse, "The Collard Pithos at Meggido:Ceramic Distribution and

Ethnicity," *JNES* 51 (1992), 81-103.
6) 요셉 벤 마타티야후, 『아피온 반박문』 (Y. N. 씸호니 판, 라마트 간 : 1968), 16-20.
7) D. B. Redford, *Egypt, Canaan and Israel in Ancient Times* (Princeton : 1992), 420.

3장 네 세대와 430년 사이의 진실 공방

1) 이 구절에 전승들이 합쳐진 것에 관해서는 다음을 참고하라. 모셰 인바르(Moshe Inbar), "쪼개진 짐승 사이의 언약―창세기 15장", 『성서와 고대 근동 연구 자료집』 3(1979), 42; 인바르, 『여호수아와 세겜 언약』 (예루살렘과 텔아비브 : 1999), 152.
2) K. A. Kitchen, "The Historical Chronology of Ancient Egypt : A Current Assessment," in *Absolute Chronology: Archaeological Europe 2500-500 BCE, Acta Archaeologica 67*, ed. K. Randsborg (Copenhagen : 1996), 7-8.
3) 이와 달리 열왕기에는 솔로몬 성전 건축이 그의 통치 4년째 해에 시작됐으며, 출애굽한 지 480년이 지난 해였다고 기록돼 있다(왕상 6:1). 학자들이 지적한 것처럼, 480년은 한 세대 당 40년씩 열두 세대를 뜻하는 예표적인 수라고 볼 수 있다. 사사기 11:26에 나오는 300년 또한 예표적인 수다.
4) O. Goldwasser, "King Apophis of Avaris and the Emergence of Monotheism" in *Timelines:Studies in Honor of M. Bietak*, ed. E. Czer et al. (Leuven : 2006), 129-133.
5) 석비를 세운 것과 힉소스 통치 시작의 연관성에 관해서는 레드포드를 참고하라. D. B. Redford, *Egypt, Canaan and Israel in Ancient Times*, 118.
6) 레드포드, 위의 책, 225.
7) A. Demski, "A Proto-Canaanite Abecedary Dating from the Period of the Judges and its Implication for the History of the Alphabet," *Tel Aviv* 4 (1977) : 14-27.
8) F. M. Cross and D. N. Freedman, "An Inscribed Jar Handle from Raddana," *BASOR* 201 (1971) : 19-22.
9) 이쯔하크 메이틀리스(Yitzhak Meitlis), 『성서를 발굴하다』 (예루살렘, 2006), 154-155.
10) 이 목록에 대해서는 다음을 참고하라. T. W. Allen, *The Homeric Catalogue of Ships* (Oxford, 1921).

4장 내 조상은 방랑하는 아람 사람

1) S. M. 바우라, "그리스의 영웅 시대", 가브리엘 쪼란 편, 『오디세이와 호메로스 :

논문집』(예루살렘, 1989), 61-75.
2) M. Görg, "Hiwwiter im 13. Jahhundert v. Chr.," *UF* 8 (1976): 53-55.
3) 나아만, "여호수아서의 가나안 땅 정복 본문", 302-304.
4) 베냐민 마자르(Benjamin Mazar)는 족장들의 이야기가 그 당시 시대와 왕정 시대의 현실을 잘 나타내고 있다고 추정한다. 베냐민 마자르, 『가나안과 이스라엘』(예루살렘, 1980), 131-141.
5) 본 내용은 반 세터스의 견해에 반론을 제기한다. J. Van Seters, *Abraham in History and Tradition* (New Haven: 1975), 34. 반 세터스는 이스라엘 족속과 아람 족속은 앗수르인들에 의해 자신의 왕국이 멸망했고 본토에서 강제 이주됐다는 공통의 운명을 서로 공유했다고 주장한다. 하지만 이 주장은 설득력이 없다. 만약 아람인들에 대해 우호적인 입장이라면, 왜 아람 사람 라반은 부정적으로 묘사됐는가?
6) 이스라엘 핀켈슈타인과 닐 실버만(Neil Asher Silverman), 『이스라엘의 시초』, (텔아비브: 2003), 116.
7) 위의 책, 120-127; Finkelstein, *Shiloh: The Archaeology of Biblical Site*, 304-317.
8) W. G. Dever, *Who Were the Early Israelites and Where Did They Come From* (Grand Rapids, MI: 2003), 153-189.
9) Finkelstein, *Shiloh: The Archaeology of Biblical Site*, 249; 핀켈슈타인과 실버만, 『이스라엘의 시초』, 114. "산맥지대 새 정착지들의 물질 문화는 골짜기에서 볼 수 있는 가나안 문화와는 확연히 구별된다".
10) Dever, *Who Were the Early Israelites and Where Did They Come From*, 101-128.
11) 나아만, "여호수아서의 가나안 땅 정복 본문", 305-306.
12) 데버의 주장을 내가 번역했다. W. G. Dever, "Cultural Continuity, Ethnicity in the Archaeological Record and the Question of Israelites Origins," *EI* 24 (1993): 30.
13) 데버가 그의 논문과 저서에서 주장하였듯이 데버에 대한 반론으로 레이니의 논문을 참고하라. A. Rainey, "Whence Came the Israelites and their Language?" *IEJ* 57 (2007): 41-64.
14) Finkelstein, *Shiloh: The Archaeology of Biblical Site*, 249-250. 또한 다음을 참고하라. Z. Zevit, *The Religions of Ancient Israel* (NY: 2001), 112-113.
15) J. M. Hall, *Ethnic Identity in Greek Antiquity* (Cambridge: 1997), 128-131.
16) 피르히야 벡, "테에낙에서 발견된 제의 용품들", 나다브 나아만과 이스라엘 핀켈슈타인 편, 『유목생활에서 왕정시대까지』(예루살렘: 1990), 444.
17) 벡 참고. 위의 책, 442-444.
18) J. A. Callaway and R. E. Cooley, "A Salvage Excavation at Raddana, in Bireh," *BASOR* 201 (1971): 15-19; Finkelstein, *Shiloh: The Archaeology of Biblical Site*, 61-63.
19) Finkelstein, *Shiloh: The Archaeology of Biblical Site*, 82.

20) 위의 책, 206; 벡,『유목생활에서 왕정시대까지』, 443.
21) 아미하이 마자르(Amihai Mazar), "사마리아 산지의 사사시대 제의 장소",『에 레쯔 이스라엘』16(1982), 135-145.
22) G. W. Ahlström, "The Bull Figurine from Dhahrat et-Tawileh," *BASOR* 280 (1990) : 77-82.
23) 벡,『유목생활에서 왕정시대까지』, 444.
24) D. E. Fleming, *Time at Emar* (Winona Lake, IN : 2000), 76-93.
25) D. E. Fleming, "The Israelite Festival Calendar and Emar's Ritual Archive," *RB* 106 (1999) : 8-34. 에마르의 절기력과 성서의 절기력을 비교하려면 다음을 참고하라. R. S. Hess, "Multiple-Month Ritual Calendars in the West Semitic World : Emar 446 and Leviticus 23," in *The Future of Biblical Archaeology*, ed. J. K. Hoffmeier and A. Millard (Grand Rapids, MI : 2004), 233-253.
26) 출애굽기 29:7, 레위기 8:12, 16:32 참고. D. Fleming, "The Biblical Tradition of Anointing Priests," *JBL* 117 (1998) : 401-414.
27) D. E. Fleming, "Mari's Large Public Tent and the Priestly Tent Sanctuary," *VT* 50 (2000) : 484-498.
28) J. C. Moyer, "Hittite and Israelite Cultic Practices" in *More Essays on the Comparative Method*, ed. W. W. Hallo, J. C. Moyer and L. G. Perdue (Winona Lake, IN : 1983), 19-38; M. Weinfeld, "Traces of Hittite Cult in Shiloh, Bethel and Jerusalem" in *Religionsgeschichtliche Beziehungen wischen Kleinasien, Nordsyrien und dem Alten Testament* (Orbis Biblicus et Orientalis 129), ed. B. Janowski, K. Koch and G. Wilhelm (Göttingen : 1993), 455-472; H. A. Hoffner, Jr. "Ancient Israel's Literary Heritage Compared with Hittite Textual Data," in *The Future of Biblical Archaeology*, ed. J. K. Hoffmeier and A. Millard (Grand Rapids, MI : 2004), 176-192; A. Tagger-Cohen, "Hittite Priesthood in Anatolia of the Second Millennium BCE According to Hittite Texts and in Light of the ANE Texts," Ph.D. dissertation, (Ben-Gurion University, 2004), 421-464; I. Singer, "The Hittites and the Bible Revisited," in *"I will Speak the Riddles of Ancient Times," Archaeological and Historical Studies in Honor of Amihai Mazar*, ed. A. Maeir and P. de Miroschedji (Winona Lake, IN : 2006), 747-751.
29) G. Wilhelm, *The Hurrians*, trans. J. Barnes (Warminster : 1989), 23-29, 71-76; J. Miller, *Studies in the Origins, Development and Interpretation of the Kizzuwatna Rituals* (Wiesbaden : 2004).
30) J. Miller, *Studies in the Origins, Development and Interpretation of the Kizzuwatna Rituals* (Wiesbaden : 2004); B. Janowski and G. Wilhelm, "Der Bock, der die Sunden hinaustragt," in *Religionsgeschichtliche Beziehungen wischen Kleinasien, Nordsyrien und dem Alten Testament*, 160.
31) D. P. Wright, *The Disposal of Impurity*, SBL Dissertation Series 101 (Atlanta, GA : 1987).

32) 빌헬름 참고. G. Wilhelm, *The Hurrians*, 75; Janowski and Wilhelm, *Religionsgeschichtliche Beziehungen wischen Kleinasien, Nordsyrien und dem Alten Testament*, 152-157.

33) Janowski and Wilhelm, *Religionsgeschichtliche Beziehungen wischen Kleinasien, Nordsyrien und dem Alten Testament*, 157-159.

34) 이 철자는 사마리아 오경의 레위기 16:10, 쿰란 성전 두루마리(26:13) 4Q180 Fragment 1, 7-8줄(DJD V 78), 그리고 시프라(미드라쉬 할라카 사본) 66 바티칸 사본에서 찾아볼 수 있다. 슐로모 나에(Shlomo Naeh), "타나임 언어에 대한 강평 : 시프라 66 바티칸 사본과 관련하여", 모셰 바르-아셰르(Moshe Bar-Asher) 편, 『미흐카림 베라숀 달레드』(1990), 272-275. 제사장 문서의 관점에서 바라본 아사셀의 상징적 의미는 다음을 참고하라. 이스라엘 크놀, 『성서의 신앙』(예루살렘:2007), 19-23.

35) J. Milgrom, "The Shared Custody of the Tabernacle and a Hittite Analogy," *JAOS* 90 (1970):204-209.

36) A. M. Kitz, "The Plural Form of 'Urim and Tummim'," *JBL* 116 (1997):401-410.

37) M. Fishbane, "Biblical Colophons:Textual Criticism and Legal Analogies," *CBQ* 42 (1980):438-449.

38) N. Na'aman, *Canaan in the Second Millennium B.C.E.* (Winona Lake, IN:2005), 1-24.

39) H. A. Hoffner, "The Last Days of Khattusha," in *The Crisis Years:The 12th Century B.C. From Beyond the Danube to the Tigris*, ed. W. A. Ward, M. Joukowski and P. Astrom (Dubuque, IA : 1992), 46-51; H. G. Güterbock, "Survival of the Hittite Dynasty," ibid. 53-55; I. Singer, "New Evidence on the End of the Hittite Empire," in *The Sea Peoples and their World:A Reassessment*, ed. E. D. Oren (Philadelphia : 2000), 21-33.

40) 베냐민 마자르, "이스라엘 산지 정착 본문", 『에레쯔 이스라엘』 15(1981), 146-147.

41) 모셰 바인펠트, "고대 이스라엘의 제의 제사 전통 속 헷의 일상풍습에 대하여", 『고대 근동 연구와 성서 연간집』 10(1990), 108. 바인펠트는 사사기 1:15을 언급하면서 벧엘의 초기 이스라엘 족속과 헷 족속 간의 관계성을 찾으려 했다.

42) 에프라임 스파이저, "후르인, 후르인들", 『성서 백과사전』 3부 (예루살렘:1965), 59.

43) W. von Soden, "Die Asyrer und Krieg," *Iraq* 25 (1963):137; P. Machinist, "Provincial Governance in Middle Assyria," *Assur* 3.2 (1982):p. 18 n. 41.

44) E. Weidner, "Assyrien und Hanigalbat," *Ugaritica* 6 (1969):519-531.

45) A. Harrak, *Assyria and Hanigalbat* (Hildesheim:1987), 150-190; A. Harrak, "Historical Statements in Middle-Assyrian Sources," *JAOS* 109 (1989):205-207.

46) A. Lemaire, "La Haute Mesopotamie et l'origine des Bene Jacob" *VT* 34 (1984):97-98; A. Lemaire, *The Birth of Monotheism* (Washington:2007), 15. 르메르에 따르면, 이러한 추론은 야곱의 자손들(브네 야아콥)에게만 해당된다. 또한 이 집단과 함께 아브라함의 자손들(브네 아브라함)과 이삭의 자손들(브네 이쯔하크), 그리고 모세의 지휘 하에 이집트에서 온 이스라엘 자손(브네 이스라엘)도 더불어 존재했다고 보았다.

47) 이와 유사하게 콘라드 슈미트는 문학적 분석을 통해, 창세기와 출애굽기 내용이 족장들의 이야기와 출애굽 이야기를 요셉 이야기를 통해 하나로 엮는 저작 과정에서 탄생된 것으로 보았다. 그러나 그는 성서의 전승들이 기록된 시점을 페르시아 시대로 결론지었다. K. Schmid, *Erzväter und Exodus:Untersuchungen zur doppelten Begründung der Ursprünge Israels in den Geschichtsbüchern des Alten Testaments* (Neukirchen-Verlag:1999); K. Schmid, "The So-called Yahwist and the Literary Gap between Genesis and Exodus" in *A Farewell to the Yahwist? The Composition of the Pentateuch in Recent European Interpretation*, ed. T. B. Dozeman and K. Schmid (Atlanta, GA:2006), 29-50.

48) E. Bloch-Smith, "Israelite Ethnicity in Iron I," *JBL* 122 (2003), 401-425.

5장   어떻게 이스라엘이라 불리게 됐을까

1) E. Fleming, *Time at Emar* (Winona Lake, IN:2000), 207. 이와 관련하여 나홀의 아들들인 '그므엘'(קמואל, 크무엘)과 '브두엘'(בתואל, 브투엘)의 이름의 진위 여부를 의심해 볼 필요가 있다(창 22:21-22). 신의 이름 '엘'을 내포하는 이 이름들은 주전 13세기 하란 지역의 배경을 나타내는 것이 아니라, 해당 구절들이 기록될 당시 아람 족속의 제의 문화를 반영하고 있다. 그므엘과 아람 종교에서의 엘 제의에 대해서는 다음을 참고하라. E. Lipinski, *The Aramaean* (Louvain:2002), 602, 614-617.

2) 아카드에서 발견된 사르곤 문헌(주전 24세기) *ANET*, 268. 이에 대한 논의는 다음을 참고하라. D. E. Fleming, *The Installation of Baal's High Priestess at Emar* (Atlanta, GA:1992), 240-252.

3) 이 신의 아카드어 명칭은 '씬'인데, 수메르어로는 '나나'라고 부른다. 달신의 시리아어 명칭은 '샤가르'다. 하란의 달신 제의에 관해서는 다음을 참고하라. T. M. Green, *The City of the Moon God* (Leiden:1992); E. Lipinski, *Studies in Aramaic Inscription and Onomastics* (Leuven:1975), 171-192.

4) D. E. Fleming, "If El is a Bull, Who is a Calf," *ErIs* 26 (1999):p. 26 n. 11. 하란의 달신과 소 형상화에 대해서는 다음을 참고하라. O. Keel and M. Bernett, *Mond, Stier und Kult am Stadttor* (Freiburg:1998).

5) 플레밍 참고. Fleming, "If El is a Bull, Who is a Calf," 24.

6) 플레밍, 위의 책.

7) 심하 코구트, "'야곱'과 '이스라엘' 명칭들의 의미 풀이와 이름을 바꾸는 문화에

대한 전통 유대 주석 : 의미론적 구문론적 접근", 엘리야후 도브 아이클러, 야콥 하임 티게이 그리고 모르데카이 코건 편, 『모세 그린버그 교수에게 헌정하는 모세의 시편, 성서학과 유대학 연구』(위노나 레에크, 인디애나:1997), 219-234.

8) 코구트가 다룬 자료들을 참고하라. 위의 책, 228.

9) 역대상 15장에는 직분을 가진 레위인들의 명단이 나오는데, '레위 사람의 지도자 그나냐'(כנניהו שר הלוים)에 대해서는 '노래에 익숙하므로 노래를 인도하는 자'(יסר במשא כי מבין הוא)라고 기록돼 있다(대상 15:22). 여기에서 יסר를 사실상 שר라고 본다. 다음을 참고하라. F. Brown, S. R. Driver and C. A. Briges, 'שר', *Hebrew and English Lexicon of the Old Testament* (Oxford:1953), 979.

10) H. L. Ginsburg and B. Maisler, "Semitised Hurrians in Syria and Palestine," *JPOS* 14 (1950):250-251.

6장　어떻게 야훼가 엘로헤이스라엘이 됐을까

1) 이 노래의 고대성을 부인하고 노래가 아람의 영향을 받았을 것이라고 주장하는 이들도 있다. 그러나 아람의 영향을 받았다고 해서 반드시 시기적으로 후대라고 단정할 수는 없다. 연구를 통해 이러한 영향들에 초기 이스라엘 족속이 하란에서 나오기 전부터 사용하던 언어가 투영되고 있음을 알 수 있다. 아마도 아람어와 유사한 방언이었을 것으로 추정된다.

2) 이타마르 징거(Itamar Zinger), "정착기와 사사시대 때 이집트인, 가나안인, 블레셋인", 나다브 나아만과 이스라엘 핀켈슈타인 편, 『유목에서 왕정까지』(예루살렘:1990), 384-387.

3) 다비드 벤-가드 하코헨(David Ben-Gad HaCohen), "샤쑤 야훼의 땅", *NET* 2 (2007):1-22.

4) 위의 책, 3.

5) 위의 책, 13.

6) 베노 로텐베르그와 요나탄 글라스, "미디안 토기", 『에레쯔 이스라엘』 15(1981), 85-114. B. Rotenberg, and J. Glass, "The Midianite Pottery," in *Midian, Moab and Edom: The History and Archaeology of Late Bronze and Iron Age Jordan and North-West Arabia, JSOTSup*. 24, ed. J. F. A. Sawyer and D. J. A. Clines (Sheffield:1983), 65-124; P. J. Parr, "Pottery of the Late Second Millennium B. C. from North West Arabia and its Historical Implications" in *Araby the Blest: Studies in Arabian Archaeology*, ed. D. T. Potts (Copenhagen:1988), 73-89; P. J. Parr, *Qurayya, AB Dictionary* 5 (1992):594-595; L. Stager, "Forging an Identity, the Emergence of Ancient Israel," in *The Oxford History of the Biblical World*, ed. M. D. Coogan (NY and Oxford:1988), 144-148.

7) R. Albertz, *A History of Israelite Religion in the Old Testament Period*, Vol. 1, trans. J. Bowden (London:1994), 49-55. 오경 전승에 나타난 미디안인들에 대한 반대는 제사장 가문들 간의 힘겨루기에서 비롯됐을 것으로 보인다. F. M. Cross,

From Epic to Cannon (Baltimore : 1998), 59-63.

8) 유물들에 대하여 정리된 내용은 J. Patrich, *The Formation of Nabatean Art* (Jerusalem and Leiden : 1990), 174-175. 미디안 제의 성막 유적지에서 발견된 유일한 제의적 상징물은 머리가 금으로 장식된 놋뱀이다. 이 발굴물은 자연히 모세가 만든 놋뱀을 연상하게 한다(민 21:8-9). 베노 로텐베르그, "팀나 골짜기의 쿠르인 신전",『이스라엘 - 암 베아레쯔』, 이스라엘 박물관 연간물 1(19) (1984), 85-122.

9) 앞으로 더 다루겠지만, 이와 관련하여 아크나톤 종교의 영향도 있었을 것으로 보인다. 성서 시대 때 야훼를 특정한 형상으로 표현하는 것을 금지한 사상에 대하여 다음을 참고하라. N. Na'aman, "No Anthropomorphic Graven Image," *UF* 31 (1999) : 391-415; T. N. D. Mettinger, "A Conversation with my Critics : Cultic Image or Aniconism in the First Temple," in *Essays on Ancient Israel in Its Near Eastern Context – A Tribute to Nadav Na'aman*, ed. Y. Amit et al. (Winona Lake, IN : 2006), 273-296.

10) 본 장에서 설명한 과정은 메팅거가 주장한 과정과 일부 유사하다. T. N. D. Mettinger, "The Elusive Essence," in *Die Hebräische Bibel und ihre zwifache Nachgeschichte*, ed. E. Blum et al. (Neukirchen-Vluyn : 1990), 393-417. 우리가 공통적으로 공유하는 내용은 야훼 신앙이 남쪽에서 출애굽 전승을 가진 집단으로부터 왔으며, 이 집단이 시내산 부근으로 왔을 때 그곳에는 이미 하나님을 섬기는 이스라엘인들이 거주하고 있었다는 것이다. 이 이스라엘인들의 정체에 대한 질문에서는 나와 메팅거의 의견이 갈린다. 메팅거는 이들을 메르넵타와의 격돌이 있기 훨씬 이전부터 '이스라엘'이라고 불린 가나안인들이라고 보았다. 그러나 나는 이들이 현지인들과 융합된 하란 피난민들이라고 보며 이스라엘이라는 이름은 이 난민들이 메르넵타와의 전쟁을 얼마 앞두지 않은 시점에 들어오면서 생겨난 명칭이었을 것이라고 추정한다. 메팅거는 남쪽에서 올라온 집단의 정체에 대해서는 언급하지 않았는데, 나는 이들을 레위인 히브리 족속으로 식별한다.

7장 모세와 아크나톤

1) R. G. Boling, *Judges, AB* (NY : 1975), 113.

2) 모셰 바인펠트, "하늘에서 싸우다",『에레쯔 이스라엘』14(1978), 26-27.

3) E. Hornung, *Akhenaten and the Religion of Life*, Eng. trans. D. Lorton (Ithaka : 1999), 54; J. Assmann, *Akhanyati's Theology of Light and Time, Proceedings of the Israel Academy of Science and Humanities* VII 4 (Jerusalem : 1992), 143-175; V. A. Tobin, "Amarna and Biblical Religion," in *Pharaonic Egypt, the Bible and Christianity*, ed. S. Israelit-Grol (Jerusalem : 1985), 259-260.

4) 이러한 탄생 이야기들을 다룬 학자들의 저서 중 일부를 소개하면 다음과 같다. H. Gressmann, *Mose und Sine Zeit* (Göttingen : 1913), 1-16; B. S. Childs, "The Birth of Moses," *JBL* 84 (1965) : 110-115; D. B. Redford, "The literary Motif

of the Exposed Child," *Numen* 14 (1967): 209-228; S. E. Loewenstamm, "Die Geburtsgeschichte Moses," in *Studies in Jewish Religion and Intellectual History*, ed. S. Stein and R. Lowe (Alabama:1979), 193-213; J. Cohen, *The Origins and Evolution of the Moses Nativity Story* (Leiden:1993), 5-28; H. Zlotnick-Sivan, "Moses the Persian? Exodus 2, the 'Other' and Biblical 'Mnemohistoryw'," *ZAW* 116 (2004):189-205.

5) E. Auerbach, *Moses* (Detroit:1975), 22.
6) J. G. Griffiths, "The Egyptian Derivation of the Name Moses," *JNES* 12 (1953):225-231; 슈무엘 아히투브(Shmuel Ahituv), "모세, 그 이름", 『성서 백과사전』, 5권, (예루살렘:1978), 496.
7) 위의 연구자료들을 참고하라.
8) J. Kemp, *Ancient Egypt – Anatomy of a Civilization* (London:2006), 33-37.
9) 아브라함 샬롬 예후다, "지그문트 프로이트의 모세와 율법들"『비쯔론』, 6번째 해 (닛산:1940), 18.
10) 성서의 종교와 아크나톤의 종교의 관계성에 대한 질문에 대해서는 프롭의 주장을 반드시 참고하라. W. H. C. Propp, *Exodus 19-40, AB* (NY:2006), 757-794.
11) 찌포라 코카비-레이니(Zipora Cochavi-Rainey), 『레멜레크 아도니』, (예루살렘:2005), 255.
12) 다음 자료에 인용된 주장들과 연구들을 보라. M. Dahood, *Psalms III, AB* (NY, 1970), 33.
13) W. F. Albright, "The Egyptian Correspondence of Abimilki, Prince of Tyre," *JEA* 23 (1937):190-203; C. Grave, "On the Use of an Egyptian Idiom in an Amarna Letter from Tyre and in Hymn to the Aten," *Oriens Antiqvvs* 19 (1980):205-218; C. Grave, "Northwest Semitic sapanu in a Break-up of an Egyptian Stereotype Phrase in EA 147," *Orientalia*, n.s. 51 (1982), 161-182.
14) 예헤즈켈 코이프만, 『이스라엘 신앙의 역사』 1부 (예루살렘과 텔아비브:1969), 417-447.

8장　야훼와 그의 아세라

1) M. Smith, *The Origins of Biblical Monotheism* (NY : 2001).
2) 이 노래를 주전 8세기로 측정하는 학자들의 명단은 다음 논문을 참고하라. S. R. Driver, *Deuteronomy, ICC* (Edinburgh:1896), 346-347. 그보다 이전으로 보는 주장은 다음을 참고하라. F. M. Cross, *Canaanite Myth and Hebrew Epic* (Cambridge MA:1973), p. 264, n. 193.
3) 해당 구절 속 가나안 모티프들에 대한 논의는 다음을 참고하라. O. Eissfeldt, "El and Yahwe," *JSS* 1 (1956) : 25-37; O. Eissfeldt, *Das Lied Moses, Deut.*

32, 1-43 und Lehrgedicht Asaphs, Psalms 78 (Berlin:1958) ; 알렉산더 로페 (Alexander Rofe), 『제1 성전 시대 당시 성서 전승에 나타난 이스라엘의 천사 신앙』 (예루살렘:1979), 66-78; S. E. Loewenstamm, 'נחלת ה, in Studies in the Bible, Scripta Hierosolymitana XXXI, ed. S. Japhet (Jerusalem:1986), 177-187.

4) 라시 "רש"י 참고.

5) P. W. Skehan, "A Fragment of the 'Song of Moses'(Deut. 32) from Qumran," BASOR 136 (1954):12-15; P. W. Skehan, "Qumran and the Present State of OT Studies," JBL 78 (1959):21; U. Ulrich et al., Qumran Cave 4 IX, DJD XIV (Oxford:1995), 90.

6) 로페, 『제1성전 시대 당시 성서 전승에 나타난 이스라엘의 천사 신앙』, 66-67.

7) 이스라엘 크놀, "이방인들의 여신들에 대한 성서의 입장", 『타르비쯔』 64(1998). 해당 자료 4번 각주의 내용을 참고하라.

8) 성서 속 또 다른 전승으로 기드온(또는 여룹바알)의 아들 70명의 이야기를 참고하라. 사사기 8:29-32, 9:1-56; T. H. Gaster, "Sons of God," IDB 4, 426.

9) M. Tsevat, "God and the Gods in Assembly:An Interpretation of Psalm 82", idem, The Meaning of the Book of Job and Other Biblical Studies (NY:1980), 134.

10) T. Frymer-Kenski, In the Wake of the Goddesses (NY:1992), 50-62.

11) J. Tyldesley, Nefertiti (London:1998), 78-79.

12) 모세 바인펠트, "이스라엘의 신을 여성형으로 묘사하는 요소들:신성한 결합과 신성한 나무", 『베이트 미크라』 40(1995):348-358; 바루크 마르갈리트 (Baruch Margalit), "야훼와 그의 아세라 이슈에 관하여", 『베이트 미크라』 40(1995):388-389. S. Olyan, Asherah and the Cult of Yahweh in Israel, Society of Biblical Literature Monograph Series 34 (Atlanta, GA:1988); J. G. Taylor, "The Two Earliest Known Representations of Yahweh," in Ascribe to the Lord, JSOTSup. 67, ed. L. M. Eslinger and J. G. Taylor (Sheffield:1988), 557-566; J. A. Emerton, "'Yahweh and his Asherah':The Goddess or Her Symbol?" VT 49 (1999):315-337; J. Day, Yahweh and the Gods and Goddesses of Canaan, JSOTSup. 265 (Sheffield : 2000), 42-67; J. M. Hadley, The Cult of Asherah in Ancient Israel and Judah (Cambridge:2000); P. D. Miller, The Religion of Ancient Israel (London:2000), 29-45, 201-206; M. S. Smith, The Early History of God (San Francisco:1990), 80-124; M. S. Smith, The Origins of Biblical Monotheism (NY:2001), 72-74; W. G. Dever, Did God Have a Wife? (Grand Rapids, MI:2005).

13) Day, Yahweh and the Gods and Goddesses of Canaan, 132-144; B. Porten, The Archives of Elephantine (Berkely:1968), 170.

14) J. Wellhausen, Die kleinen Propheten(3rd ed.), (Berlin:1898), 134; G. Fohrer, "Umkehr und Erlösung beim Propheten Hosea," TZ 11 (1955):171; J. Day, "The Dependence of Isaiah 26:13-27:11 on Hosea 13:4-14:10," in Writing and Reading the Scroll of Isaiah:Studies of Interpretive Tradition, VTSup. 70, 1, ed. C. C. Broyles and C. A. Evans (Leiden:1997), 363-364.

9장 금송아지상과 십계명

1) 비평학에서는 창세기의 이 전승들을 대부분 E 문서로 분류한다. 로버트 쿠트는 이 내용이 여로보암의 궁중에서 기록됐다고 추정한다. R. B. Coote, *In Defense of Revolution – The Elohist History* (Minneapolis: 1991), 2. 그러나 나는 이것이 더 후대에 기록됐다고 본다. 나의 저서를 참고하라. Israel Knohl, *The Divine Symphony* (Philadelphia: 2003), 152. 또한 나의 박사학위 논문도 참고하라. 쩨막 요레(Tzemah Yoreh), "엘로히스트 자료: 통일성과 구조" (히브리대학교, 예루살렘: 2003), 237-241.
2) 알렉산더 로페, 『성서의 기록 개론』 (예루살렘: 1994), 64-65. 그는 이 저서에서 창세기의 제사장적 요소가 벧엘의 중요성을 강조하고 있다고 보았는데 이는 제사장 문서가 벧엘에서 기록됐기 때문이다. 제의적 상징에서 두드러진 차이점은 벧엘이 송아지라면 제사장적 자료는 그룹들(법궤)인데, 결과적으로 제사장 문서의 저자라고 할 수 있는 사독 가문 제사장파와 함께 예루살렘의 그룹들(법궤) 성전이 채택됐다고 볼 수 있다. 사독 가문의 뿌리가 벧엘에 있었다고 본다면, 바로 여기서부터 창세기의 제사장적 자료에서 벧엘의 중요성이 강조됐을 것이다. G. I. Davis, *Hosea*, NCBC (Grand Rapids, MI: 1992), 24-25; A. A. Macintosh, *Hosea*, ICC (Edinburg: 1997), xxxiii.
3) 열왕기상 19:18 참고. 벧엘의 송아지에 입맞추는 풍습은 아람 문헌에 언급되고 있다. R. C. Steiner, "Aramaic Text in Demotic Script," in *The Context of Scripture: Canonical Compositions from the Biblical World*, Vol. 1, ed. W. W. Hallow (Leiden: 1997), 310, 313.
4) M. Aberbach and L. Smolar, "Aaron, Jeroboam and the Golden Calves," *JBL* 86 (1967): 129-140; Alan W. Jenks, *The Elohist and North Israelite Traditions* (Missoula: 1977), 50-52, 103-106.
5) 플레밍 참고. D. E. Fleming, "If El is a Bull, Who is a Calf," *ErIs* 26, 24-25.
6) W. H. C. Propp, *Exodus 19-40*, AB (NY: 2006), 551.
7) A. Mazar, "The 'Bull Site': An Iron Age I Open Cult Place," *BASOR* 247 (1982): 27-42; G. W. Ahlström, "The Bull Figurine from Dhahrat et-Tawileh," *BASOR* 280 (1990): 77-82.
8) 이사야 34:7, 시편 22:12을 예로 들 수 있다.
9) E. Laroche, "Le dieu anatolien Sarrumma," *Syria* 40 (1963): 277-302; D. E. Fleming, "If El is a Bull, Who is a Calf," *ErIs* 26, 24.
10) 신들을 들소로 묘사한 것에 대해서는 다음을 참고하라. 플레밍, *ErIs* 26, 23.
11) Callaway and Cooley, "A Salvage Excavation at Raddana, in Bireh," 18; 벡, "테에낙에서 발견된 제의 용품들", 442.
12) 칼라웨이와 쿨리, 위의 책.
13) 'עגלי'라고 기록된 토기가 사마리아에서 발견됐다.
14) T. Ornan, "The Bull and its Two Masters: Moon and Storm Deities in Relation to the Bull in Ancient Near Eastern Art," *IEJ* 51 (2001): 5-16.

15) 모셰 다비드 카수토(Moshe David Kasuto), 『출애굽기 주석』 (예루살렘:1975), 285.
16) 위의 책에서 카수토가 지적했듯이, 송아지와 달리 형태가 추상적인 그룹들은 하나님 자신을 나타낸다고 볼 수 없다.
17) B. S. Childs, *Exodus*, *OTL* (London:1974), 561-580.
18) 금송아지상 숭배에 모든 레위 가문이 반대하지는 않았다고 볼 수 있는데, 이로써 백성들의 요구에 따라 금송아지상을 만들어 준 아론에 대한 전승도 해석해 볼 수 있다.
19) 금 고리를 모아 금송아지를 만든 아론의 이야기(출 32:2-4)의 배경에는 기드온이 금 고리를 모아 '에봇'을 만드는 이야기가 깔려 있다. 이 두 내러티브의 유사점에 대해서는 다음을 참고하라. R. Alter, *The World of Biblical Literature* (NY:1991), 127-128; D. H. Aaron, *Etched in Stone* (NY:2006), 234-239.
20) 6장 9번 미주를 참고하라. 사사기 17:3은 이러한 금기를 받아들이지 않은 특이한 사건이다.
21) 에런에 따르면(19번 미주) 이 본문은 후대의 것으로 보인다.
22) 야콥 하임 티게이, "안식일", 『성서 백과사전』 6부 (예루살렘:1981), 511-513.
23) W. W. Hallo, "New Moons and Sabbaths: A Case-Study in the Contrastive Approach," *HUCA* 43 (1977):1-13.
24) 여기서 추정한 십계명의 기록 시기에는 오직 계명들 자체가 기록된 시기에 대해서만 다루며, 시내산에서 하나님께서 현현하신 출애굽기의 사건은 포함하지 않는다. 십계명은 시내산 사건 전승과 분리될 수 없는 부분이 아니다. 아리에 트바이그, 『시내산에서 받은 율법』 (예루살렘:1977), 61-80.

10장 시내산 언약

1) 슈무엘 에프라임 로인슈탐, "야훼의 현현 시 자연의 진동", 『오즈 레다비드』, 이스라엘 성서 연구 학회 논문집 16권, (예루살렘:1964), 508-520.
2) W. F. Albright, "The Names Shaddai and Abram," *JBL* 54 (1935):20.
3) M. Fishbane, *Biblical Interpretation in Ancient Israel* (Oxford:1985), 55, 75.
4) 트바이그를 참고하라. 아리에 트바이그, 『시내산에서 받은 율법』, 100쪽 14번 각주.
5) 이쯔하크 아리에 젤리그만, 『성서문학 연구』 (예루살렘:1996), 189-204; M. Fishbane, *Biblical Interpretation in Ancient Israel*, 76.
6) 젤리그만, 『성서문학 연구』, 191.
7) 신명기 33:3에서 מדברתיך אש 의 의미는 불분명한데, 하나님 뒤에서 행진하는 천사들을 묘사하는 것으로 이해할 수 있다. 젤리그만, 위의 책, 193쪽 5번 각주.
8) 그의 신명기 33장과 시편 68편 주석을 참고하라.

9) 출애굽기 33:20, 사무엘상 6:19.
10) 아도니야도 함께 먹었다는 내용은 없다. 따라서 이 전승은 시내산 현현 사건에서 하나님께 번제물이 바쳐지지 않았다는 전승과 맞닿아 있다.
11) '이스라엘의 장로들'(זקני ישראל)이라는 표현과 야훼를 '엘로헤이 이스라엘'(אלהי ישראל)로 부르는 것은 이 이야기에서 시대착오적인 부분이다. 아직 히브리인 집단이 이스라엘에 포함되기 전이기 때문이다.
12) '멀리서 경배하고'(והשתחויתם מרחוק, 출 24:1)라는 표현과 출애굽기 24:2 전체는 여러 전승들을 엮어서 매끄럽게 하고자 추가로 편집된 부분이다. B. S. Childs, *Exodus*, *OTL* (London: 1982), 504-509. 트바이그는 조금 다른 입장을 보인다. 다음을 참고하라. 트바이그, 『시내산에서 받은 율법』, 40-42.
13) 크놀, 『성서의 신앙』, 19-23.
14) G. E. Mendenhall, "Covenant Forms in Israelite Tradition," *BA* 18 (1954):50-76.
15) A. Alt, *Essays on Old Testament History and Religion*, trans. R. A. Wilson, (NY: 1968), 101-172.
16) D. J. McCarthy, *Treaty and Covenant*, (Rome: 1978), 55-62.
17) M. Weinfeld, "Berit," *TDOT* 2 (1977):273-274.
18) Weinfeld, "Berit," 274; M. Weinfeld, "The Original of the Apodictic Law," *VT* 23 (1973):63-75.
19) 예레미야 34:18~19에 묘사된 쪼개진 송아지 사이를 지나가는 언약에 대해서는 다음을 참고하라. Weinfeld, "Berit," 262-263.
20) McCarthy, *Treaty and Covenant*, 91-95; 하임 타드모르(Hayim Tadmor), 『앗수르, 바벨론 그리고 유다』(예루살렘: 2007), 192-194.
21) 레위기 26:3~39, 신명기 28:1~68.
22) McCarthy, *Treaty and Covenant*, 87-91.
23) J. A. Fitzmyer, *The Aramaic Inscriptions of Sefire*, Biblica et Orientalia 19, (Rome, 1967).
24) McCarthy, *Treaty and Covenant*, 67.
25) 물론 후대의 영향들도 있었음을 부인할 수 없다. 나는 신명기의 축복과 저주 형식이 신앗수르(Neo-Assyrian) 문헌들에 나타나는 형식으로부터 영향을 받았다고 보는 바인펠트의 주장에 동의한다. M. Weinfeld, *Deuteronomy and the Deuteronomic School* (Oxford: 1972), 116-129.

11장 세겜 언약: 어떻게 이스라엘이 야훼의 백성이 됐을까

1) W. T. Koopmans, *Joshua 24 as Poetic Narrative*, *JSOTSup*. 93 (Sheffield: 1990), 1-163; 모셰 인바르(Moshe Inbar), 『여호수아와 세겜 언약』, 2-13.

2) 여호수아 24장이 주전 8세기경 사마리아가 함락되기 얼마 전 북왕국에서 기록되었다고 보는 다비드 스펄링의 의견에 동의한다. 여호수아 24장에는 사사시대 때 세겜 전승들이 남아 있다. S. D. Sperling, "Joshua 24 Re-examined", *HUCA* 58 (1987):119-136.

3) 사사기에는 세겜에 '벧엘브릿'(בית אל ברית, 삿 9:46) 또는 '바알브릿'(בעל ברית, 삿 9:4)이라는 성소가 있었음을 언급하고 있다. 라이트는 이 성소를 세겜 발굴에서 발견된 후기 청동기의 넓은 성소와 동일한 장소로 보았다. G. E. Wright, *Shechem, The Biography of a Biblical City* (NY:1965), 123-127. 나아만은 세겜 성소의 명칭 속 '브릿'이라는 단어가 세겜성 전승 중요성을 부각한다. 나다브 나아만, "세겜 망대와 벧엘브릿", 『시온』 41 (1986):7.

4) 인바르, 『여호수아와 세겜 언약』, 23.

5) 하잘(Hazal)은 이 난제를 에브라임 지파가 먼저 출애굽했다고 보는 아가다(Aggadah)를 통해 풀어보고자 했다. 모세 바인펠트, 『여호수아부터 요시야까지』 (예루살렘:1992), 61; 이즈하크 하이네만(Itzhak Heinemann), "에브라임의 자손 메시아와 에브라임 자손의 앞선 출애굽" 『타르비쯔』 40 (1971):450-461.

6) 미카 요세프 베르디쳅스키, 『시나이와 그리심』 (홀론:1962); 바인펠트, 『여호수아부터 요시야까지』, 136-137.

7) G. von Rad, *The Form Critical Problem of the Hexateuch and Other Essays* (Edinburgh:1966), 36-39.

8) 위의 책, 19-20.

12장 모세 종교에서 성서 종교로

1) 제사장 문서의 사상에 대해서는 다음을 참고하라. 이스라엘 크놀, 『침묵의 성소』 (예루살렘:1993), 120-155; 크놀, 『성서의 신앙』 (예루살렘:2006), 12-23, 93-104, 114-123.

2) 본 구절이 제의 법전에서 나온 것이 아니라 제2 제의 학파인 성결 법전(H문서)에서 나온 것이지만 담고 있는 핵심은 제의 법전의 것이다.

3) 이스라엘 크놀, "성결 법전의 가해자 법", 『타르비쯔』 71 (2002), 1-9.

4) 출애굽기 19:15, 사무엘상 20:26, 21:5. 성에 대한 성서의 관점에 대해서는 다음을 참고하라. M. R. Cosbi, *Sex in the Bible* (Englewood Cliffs, NJ:1985); G. Larue, *Sex and the Bible* (Buffalo, NY:1983); T. Frymer-Kensky, "Law as Philosophy:Sexuality in the Bible," in *Semeia* 45, ed. D. Patrik (1989):89-102; D. M. Carr, *The Erotic Word* (Oxford:2003).

5) 출산(레 12:2-4), 성관계(레 15:18), 설정(레 15:16), 유출(레 15:19-21), 유출병(레 15:2-4, 25-26). 성관계가 부정을 유발한다는 인식은 고대 근동의 다른 문화권에도 널리 퍼져 있었다, J. Milgrom, *Leviticus 1-16, AB* (NY:1991), 932-934.

6) 성서와 제의 법전이 말하는 제의에서의 여성의 위치에 대해서는 다음을 참고하라. P. Bird, "The Place of Woman in the Israelite Cults," in *Ancient Israelite Religion:Essays in Honor of Frank Moore Cross*, ed. P. D. Miller et al. (Philadelphia:1987), 397-419; M. I. Gruber, "Women in the Cult according to the Priestly Code," in *Judaic Perspectives on Ancient Israel*, ed. J. Neusner et al. (Philadelphia:1987), 35-48; C. Meyers, "From Household to the House of Yahweh:Women's Religious Culture in Ancient Israel," *VTSup.* 92 (2002):277-303; P. D. Miller, *The Religion of Ancient Israel* (London:2000), 201-206.

7) 다음 본문에서 쩰렘이 '우상', '형상'으로 번역되었다. 민수기 33:52, 사무엘상 6:5, 11, 열왕기하 11:18, 아모스 5:26, 에스겔 7:20, 16:17, 23:14.

8) 메이어 그루버, "하나님의 형상대로", 찌포라 탈쉬르(Zipora Talshir), 샤미르 요나(Shamir Yona), 다니엘 시반(Daniel Sivan) 편,『사무엘에게 헌정하는 - 성서학 연구』(예루살렘:2001), 81-82.

9) 위의 책, 86-87.

10) 위의 책, 86쪽 19번 각주.

11) 이스라엘의 하나님을 상으로 표현하는 것을 금지하는 것에 대한 설명으로는 다음을 참고하라. R. Handel, "The Social Origins of the Aniconic Tradition in Early Israel," *CBQ* 50 (1988):365-382. 고대 근동의 우상과 우상 반대에 대해서는 다음을 참고하라. T. Jacobsen, "The Graven Images," in *Ancient Israelite Religion, Essays in Honor of F. M. Cross*, ed. P. D. Miller, P. D. Hanson and S. D. McBride (Philadelphia:1987), 15-32; T. N. D. Mettinger, *No Graven Images? Israelite Aniconism in its Ancient Near Eastern Context* (Stockholm:1995).

12) 하나님의 형상대로 창조된 인간 사상과 상 금지 사상 간의 관계성에 대해서는 다음을 참고하라. G. von Rad, *Old Testament Theology*, Vol. 1 (NY:1962), p. 218 n. 70. 이와 달리 상 제작 금지의 이유가 오히려 하나님의 인간성을 묘사하기 위함이라는 주장에 대해서는 다음을 참고하라. H. Eilberg-Schwartz, *God's Phallus* (Boston:1994), 116-133.

13) J. C. de Moore, "The Duality in God and Man:Gen. 1:26-27," in *Intertextuality in Ugarit and Israel* (OTS 40), ed. J. C. de Moore (Leiden:1998), 122-125; N. Wyatt, "Androgy as a Theological Strategy in West Semitic Thought," 마이클 헬쩨르(Michael Heltzer)와 메이르 말룰(Meir Malul) 편,『아비슈르에게 헌정하는, 히브리어와 셈어의 성서와 고대 근동 연구, 이쯔하크 아비슈르(Itzhak Avishr) 교수의 65주기를 추모하며』(텔아비브:2004), 191-198. 카르는 여성이 신적 수행단의 딸들의 형상으로 지어졌다고 주장하는데(4번 미주), 이는 설득력이 없다. 성서 어디에도 하나님의 신적 수행단의 여성적 존재들에 대한 내용이 없기 때문이다.

14) de Moore, "The Duality in God and Man : Gen. 1:26-27," 123. 53번 각주 참고.

15) P. Trible, *God and the Rhetoric of Sexuality* (Philadelphia:1985), 22-23; M. I. Gruber, *The Motherhood of God and Other Studies*, South Florida Studies in the

History of Judaism (Atlanta, GA:1992), 3-15.

16) Cross, *Canaanite Myth and Hebrew Epic*, 48-60.

17) D. Biale, "The God with Breasts : El Shaddai in the Bible," *History of Religions* 21 (1982):240-256.

18) J. Assmann, *Ägypten:Theologie und Frömmigkeit einer frühen Hochkultur* (Stuttgart:1984), 255.

19) E. Hornung, *Akhenaten and the Religion of Light*, trans. D. Lorton (Ithaca:1999), 101-102.

20) 민수기 19장 참고.

21) V. A. Tobin, "Amarna and Biblical Religion," in *Pharaonic Egypt, the Bible and Christianity*, ed. S. Israelit-Grol (Jerusalem:1985), 249-250; J. P. Allen, "The Natural Philosophy of Akhenaten," in *Religion and Philosophy in Ancient Egypt, Yale Egyptological Studies* 3, ed. W. K. Simpson (1989), 98-99; J. Baines, "The Dawn of Amarna Age," in *Amenhotep III, Perspectives of His Reign*, ed. D. O'Conor and E. H. Vline (Ann Arbor:1998), 287.

22) 크놀, 『침묵의 성소』, 122-123.

23) C. Aldred, *Akhenaten, Pharaoh of Egypt – New Study* (London:1968), 133-140.

24) 아크나톤의 특이한 신체 구조 이해에 대한 다른 가능성도 제시되었다. A. Burridge, "A New Perspective on Akhenaten," *JSSEA* 23, 63-74. 그러나 이 설명 또한 문제가 된다. 다음을 참고하라. D. Montserrat, *Akhenaten, History, Fantasy and Ancient Egypt* (London:2000), p. 191, n. 66.

25) M. H. Abd-ur-Rahman, "The Four-Feathered Crown of Akhenaten," *ASAE* LVI (1959):247-249; J. Colier, *The Heretic Pharaoh* (NY:1972), 97; V. A. Tobin, "Amarna and Biblical Religion," in *Pharaonic Egypt, the Bible and Christianity*, ed. S. Israelit-Grol (Jerusalem:1985), 254; J. Tyldesly, *Nefertiti* (London:1998), 102.

26) W. H. C. Propp, *Exodus* 1-18, (NY:1998), 285-286.

27) J. Assmann, *Moses the Egyptian* (Cambridge Mass:1997), 30-44.

28) 18번 미주와 아스만 참고.

29) 10장 7번 미주 참고.

30) 코이프만, 『이스라엘 신앙의 역사』 1부, 731-732.

31) 아브라함 말라마트(Abraham Malamat), "마리 문서 속 예언의 시초", 『에레쯔 이스라엘』 4(1956), 75-76. 마리의 고대 예언 현상과 성서의 예언과의 관계성에 대해서는 다음을 참고하라. 베냐민 오펜하이머(Benjamin Oppenheimer), 『이스라엘의 초기 예언』 (예루살렘:1984), 18-37. 모세 인바르, 『마리 문서 속 예언 계약 그리고 지파들』 (예루살렘:2007); A. Malamat, "Prophetic Revelations in New Documents from Mari and the Bible," *VTSup.* 15 (1966):207-227; A. Malamat, "A Forerunner of Biblical Prophecy:The Mari Documents," in *Ancient Israelite Religion*, ed. P. D. Miller

et al. (Philadelphia:1987), 33-52; F. Ellermeier, *Prophetie in Mari und Israel* (Herzberg:1968); W. L. Moran, "New Evidence from Mari on the History of Prophecy," *Biblica* 50 (1969):15-56; S. D. Walters, "Prophecy in Mari and Israel," *JBL* 89 (1970):78-81; M. Nissinen, *Prophets and Prophecy in the Ancient Near East, Writings from the Ancient World* 12 (Atlanta, GA:2003).

32) 말라마트, 위의 책, 82-83.
33) 말라마트, 위의 책, 36-37.
34) D. Fleming, "NABU and Munabbiatu:Two New Syrian Religious Personnel," *JAOS* 113 (1993):175-183.
35) D. Fleming, "The Etymological Origins of the Hebrew nabi:The One Who Invokes God," *CBQ* 55 (1993):217-224.
36) 제사장 문서에 따르면 모세는 절대 하나님께 말을 걸지 않는다. 크놀, 『침묵의 성소』, 122.
37) J. Assmann, *Ägypten:Theologie und Frömmigkeit einer frühen Hochkultur*, 248-249.
38) Allen, "The Natural Philosophy of Akhenaten", 89-99.
39) 위의 책, 92-93.
40) 코이프만, 『이스라엘 신앙의 역사』 1부, 417-448.
41) 크놀, 『침묵의 성소』, 120-155.

13장 질투하시는 하나님

1) 하나님의 질투에 대한 논의는 다음을 참고하라. H. A. Brongers, "Der Eifer des Herren Zebaoth," *VT* 13 (1963):269-284; W. Berg, "Die Eifersucht Gottes," *BZ* 23 (1979):197-211; Ch. Dohmen, "'Eifersüchtiger ist sein Name' (Ex 34, 14)," *TZ* 46 (1990):289-304; E. Reuter "קנא", *TDOT* 13 (2004), 53-58.
2) Reuter, *TDOT* 13, 53-57.
3) Dohmen, "'Eifersüchtiger ist sein Name'(Ex 34, 14)," 296-297; Reuter, *TDOT* 13, 54.
4) 우상숭배를 하나님의 질투의 관점에서 간음으로 간주하는 것에 대해서는 다음을 참고하라. M. Halbertal and A. Margalit, *Idolatry* (Cambridge, MA:1992), 9-36.
5) R. K. Gnuse, *No Other Gods, JSOTSup.* 241 (Sheffield:1997):153-176; J. Kugel, *The God of Old* (NY:2003), 228-229.
6) Gnuse, *No Other Gods*, 169. 112번 각주 참고.
7) Dohmen, "'Eifersüchtiger ist sein Name'(Ex 34, 14)," 295-296. 고이테인은 야훼의 이름에서 아랍어식 '질투하는 자'라는 뜻을 찾고자 시도했다. 슐로모 도

브 고이테인(Shlomo Dov Goitein), 『이유님 베미크라』 (텔아비브: 1957), 318-331.

8) 신명기 7:3~4 참고. 원신명기는 땅의 주민들을 멸절하라고 명한다. 신명기의 '헤렘'(진멸) 사상과 그 뿌리에 대해서는 피시베인을 참고하라. Fishbane, *Biblical Interpretation in Ancient Israel*, 200-209.

9) 요캐넌 머프스(Yochanan Muffs), "심판과 자비 사이", 아브라함 샤피라(Abraham Shapira) 편, 『토라 니드레셰트 : 성서의 기초 질문들에 관한 글들』 (텔아비브: 1984), 78.

10) 이 부재에 대해서 코이프만이 지적하고 있다. 코이프만, 『이스라엘 신앙의 역사』 3부, 96.

11) 혼인 메타포에 대해서는 다음을 참고하라. N. Stienstra, *YHWH is the Husband of His People* (Kampen : 1993); R. Abma, *Bonds of Love* (Assen: 1999).

12) T. Frymer-Kenski, *In the Wake of the Godesses* (NY: 1992), 146-147. 오경에 기록된 질투 하시는 하나님과 호세아의 혼인 메타포의 유사성에 대해서는 다음을 참고하라. 모세 다비드 카수토(Moshe David Kasuto), 『히브리 문헌과 가나안 문헌』 1부, (예루살렘: 1972), 128; Stienstra, *YHWH is the Husband of His People*, 178-180.

13) 제르손 데이비드 코언(Gerson David Cohen), "유대적 관점에서 본 아가", 『토라 니드레셰트』, 93.

14) 크놀, 『성서의 신앙』, 57-61.

15) W. L. Moran, "The Ancient Near Eastern Background of the Love of God in Deuteronomy," *CBQ* 25 (1963): 77-87.

14장 모두의 야훼와 이스라엘의 야훼

1) W. M. Schniedewind, *How the Bible Became a Book, The Textualization of Ancient Israel* (Cambridge: 2004), 64-90.

2) 이사야의 말과 앗수르의 선전 사이의 관계성에 대해서는 P. Machinist, "Assyria and its Image in the first Isaiah," *JAOS* 103 (1983): 719-737.

3) B. 오데드, "앗수르 제국의 대량 이주정책 - 목표와 목적", 『성서와 고대 근동 연구 연간물』 3 (1979), 159-173; B. Oded, *Mass Deportations and Deportees in the Neo-Assyrian Empire* (Wiesbaden: 1979).

4) C. Uehlinger, *Weltreich und 'eine Rede': Eine neue Deutung der Sogennanten Turmbauerzälung(Gen. 11, 1-9)* (OBO 101), (Göttingen: 1991), 453-545.

5) R. Bergey, "The Song of Moses(Deuteronomy 32. 1-43) and Isaianic Prophecies: A Case of Early Intertextuality?," *JSOT* 28 (2003): 33-54.

6) 나는 이사야 2:2의 'ונהרו'(흐르다)를 '몰려가다'라는 뜻으로 본다. 다른 가능한 해석들에 대해서는 다음을 참고하라. B. J. Schwartz, "Torah from Zion: Isaiah

Temple Vision (Isa. 2:1-4)," in *Sanctity of Time and Space in Tradition and Modernity*, ed. A. Houtman et. al. (Leiden:1998), 11-26.
7) 열왕기상 8:59~60과 코이프만을 참고하라. 코이프만, 『이스라엘 신앙의 역사』 1부, 43.

나가며 유일신교의 발전 : 아크나톤에서 자라투스트라까지

1) 조로아스터교의 시초는 분명하지 않으며 고레스가 이 종교를 가졌는지는 불확실하다. 자라투스트라의 시기에 대한 연구로는 S. A. Nigosian, *The Zoroastrian Faith, Tradition and Modern Research* (Montreal:1993), 15-18. 자라투스트라가 주전 7세기 앗수르 왕의 궁에서 자란 귀족의 아들로 보는 주장에 대해서는 다음을 참고하라. S. Parpola, "The Originality of the Teaching of Zarathustra," in *Sefer Moshe, The Moshe Weinfeld Jubilee Volume*, ed. C. Cohen, A. Hurvitz and Sh. M. Paul (Winona Lake, IN:2004), 273-283.
2) 학계에서는 신명기 4장에 나타난 두 번의 유일신 신앙 선포(신 4:35, 39)가 후대에 첨가된 내용이라는 것에 동의한다. 그렇다면 신명기 4장이 제2 이사야 때 기록됐다고 볼 수 있다. 신명기의 다른 부분에는 분명한 유일신 신앙에 대한 정의가 없기 때문이다. N. MacDonald, *Deuteronomy and the Meaning of 'Monotheism'* (Tübingen:2003).
3) 야훼 외의 독립적인 신적 존재들에 대해 말하고 있는 성서 본문들은 페르시아 시대 이전에 기록됐다고 결론지을 수 있다.
4) 아크나톤과 탈레스의 사상 비교에 대해서는 알렌을 참고하라. Allen, "The Natural Philosophy of Akhenaten" in *Religion and Philosophy in Ancient Egypt*, *Yale Egyptological Studies* 3, ed. W. K. Simpson (1989).

부록 성서 종교의 용광로에서 만난 벧엘과 시내산

1) 제사장 문서 말뭉치에 대한 정의는 내 저서를 참고하라. 크놀, 『침묵의 성소』 (예루살렘:1993), 98-101.
2) 인간적인 묘사들을 신명기에서도 찾을 수 있다. 크놀, 『침묵의 성소』, 156; 『성서의 신앙』, 128-129.
3) 크놀, 『침묵의 성소』, 24-131.
4) 민수기 12:8에 "대면하여 명백히 말하고"로 강조된다.
5) 크놀, 『침묵의 성소』, 122.
6) 출애굽기 24:7~8, 34:27, 레위기 26:15, 신명기 5:2, 29:1.
7) 크놀, 『침묵의 성소』, 137-138.
8) 출애굽기 23:20~25, 레위기 26:3~45, 신명기 28:1~29:1.
9) 크놀, 『침묵의 성소』, 102, 121-125.

10) 아울러 제사장 문서에는 축복과 구원을 얻기 위한 제의가 없다. 위의 책, 46-48, 134.
11) 위의 책, 132-134.
12) 12장에서 다룬 내용 참고.
13) 위와 동일.
14) 4장에서 다룬 내용 참고.
15) 침묵의 성소는 예헤즈켈 코이프만이 만든 개념인데, 그는 제사장 제의의 독특한 현상을 처음으로 짚은 학자다. 코이프만,『이스라엘 신앙의 역사』2부, 476-477; 크놀,『성서의 신앙』, 118-123.
16) 12장에서 논의한 내용 참고.
17) 창세기 9:8~17, 17:2~4.
18) 창세기 9:5~6.
19) 12장 참고.
20) 12장에서 논의한 내용 참고.
21) 창세기 35:10 참고. 제의 법전이 아닌 전승에서는 그보다 이전인 야곱이 얍복강을 건널 때(창 32:27-28) 이름이 바뀌는 사건이 일어났다고 본다.
22) 4장에서 논의한 내용과 4장 24번 미주 참고.

이스라엘 민족의 비밀스러운 흔적

신의__설계자들

초판발행	2024년 4월 20일
2쇄발행	2024년 5월 16일
지은이	이스라엘 크놀(Israel Knohl)
옮긴이	정예중
펴낸이	진호석
발행처	PCKBOOKS
주 소	03128 / 서울시 종로구 대학로3길 29, 신관 4층(총회창립100주년기념관)
편집국	(02) 741-4381 / 팩스 741-7886
영업국	(031) 944-4340 / 팩스 944-2623
등 록	No. 1-84(1951. 8. 3.)

책임편집 정현선　　　　　　　**표지 본문 디자인** 김소영
편집 원지현 이우진 이예찬　　**마케팅** 박준기 이용성 성영훈 이현지
경영지원 박호애 서영현

ISBN 978-89-398-8006-1 / Printed in korea
값 16,800원

※ 이 출판물은 저작권법에 의해 보호 받는 저작물이므로 무단전재와 무단복제를 할 수 없습니다.